CB066622

NOS

Tradução de Lúcia Peixoto Cherem,
com leitura de Claire Varin

LÍNGUAS DE FOGO

[ensaio sobre Clarice Lispector]

Claire Varin

Aos meus amigos e amigas do Brasil

9   Nota para a nova edição
11 Nota introdutória
13 Claire e Clarice

21 O espírito das línguas

39 O dom das línguas
41 A barata
45 A rosa
49 A abelha
52 Lágrimas de anjo
57 A estrangeira
61 A Lispectorovna
64 O lírio
67 A hermafrodita
71 Yes
74 Tempestade de almas
78 A tigresa
81 A poeta
87 Sherazade

93   **A construção do templo**
95   Entrada no templo
99   *Perto do coração selvagem* (1944): Fundações do templo
107   *O lustre* (1946): Iluminação do alicerce
109   *A cidade sitiada* (1949) e *Alguns contos* (1952): Olhar sobre o alicerce
113   *A maçã no escuro* (1961): Solidificação das fundações
118   *Laços de família* (1960): Rosáceas do templo
122   *A paixão segundo G.H.* (1964): O quarto interior
127   *A legião estrangeira* (1964): Esculturas do templo
136   *Uma aprendizagem ou O livro dos prazeres* (1969): A prece
141   *Água viva* (1973): Revestimento de ouro
147   *Onde estivestes de noite* (1974): Uma noite no templo
151   *A via crucis do corpo* (1974): Pátio do templo
154   *Visão do esplendor* (1975): Portas do templo
156   *A hora da estrela* (1977): O cântico dos cânticos
162   *Um sopro de vida* (1978): Morada eterna

165   **À guisa de retiro**

171   Notas

Nota para a nova edição

Agora, vinte anos depois, o livro é relançado no Brasil. Nesse grande intervalo, Claire e eu continuamos nos escrevendo, nos falando e trabalhando juntas, de uma forma ou de outra. Veio ao Brasil para o lançamento de *Línguas de fogo* que aconteceu em 2002 em três capitais: Rio de Janeiro, São Paulo e Curitiba. Outras vezes, foi convidada para colóquios ou palestras, e sempre dávamos um jeito de nos encontrar.

Em maio de 2011, nós duas participamos como conferencistas do primeiro colóquio internacional, salvo algum engano, sobre a obra de Clarice Lispector, que aconteceu parte na Universidade de Paris 8, Vincennes-Saint-Denis, e parte na Casa do Brasil, na Cidade Universitária: *Lectures lispectoriennes entre Europe et Amériques*, "Gênero não me pega mais".*

Tudo começou com a leitura de textos sobre nossa autora preferida, e, pelo modo como as coisas se encaminham, sempre compartilharemos algo em torno de sua obra. Espero forte e sinceramente poder vê-la outra vez no relançamento deste ensaio.

LÚCIA PEIXOTO CHEREM
Janeiro de 2022

---

* Os atos do colóquio foram publicados em *Clarice Lispector: une pensée en écriture pour notre temps*, sob a direção de Nadia Setti e Maria Graciete Besse, L'Harmattan, Paris, 2013.

Nota introdutória

Cheguei a Montreal em março de 2001. Fazia frio, eu nunca tinha visto tanta neve. Uma semana depois, recebia em minha casa Claire Varin. Ela veio. Por vontade própria. Conversamos por umas três horas. Tomou chá, falou sobre sua afeição pela obra de Clarice Lispector.

Eu já havia lido seus dois livros, *Rencontres brésiliennes* e *Langues de feu*. Falou-me que estava à procura de uma tradutora para publicar o segundo livro no Brasil. Disse a ela que talvez pudesse fazer o trabalho. Seus grandes olhos azuis ficaram ainda maiores.

Começou ali uma troca. Começou ali um encontro. Um encontro real de pessoas que conversam, que não se escondem, que tentam desajeitadamente se revelar. É sempre sem jeito que a gente acaba se revelando.

Eu disse a Claire em outra conversa:

– Olha, vou prevenir você sobre a ideia que muitos fazem da sua leitura de Clarice Lispector no Brasil: uma leitura muito pessoal, pouco acadêmica e identificada demais com a autora. E a referência ao ocultismo, então, talvez seja malvista pela crítica.

– O que eu posso fazer? Está lá na Clarice. Não fui eu que inventei. Ela tinha uma ligação com os números, com figuras geométricas. Era supersticiosa, ia a uma cartomante. Mas acho que isso não deve ser considerado algo muito importante. Fazia parte da sua busca, de sua vontade de encontrar as pessoas, de tentar entender e se entender. Uma brincadeira "séria", um namoro com o mistério. Uma curiosidade, como muitos de nós temos, ou não temos?

– Temos. O que me animou a traduzir o seu livro é que ele dá uma visão geral da obra de Clarice Lispector, do despojamento que ela vai conquistando para sulcar seu próprio caminho. Clarice faz isso com tanta coragem, sendo tão fiel a si mesma, que sucumbimos a essa força. Uma força perturbadora. Você aceita isso, aceita a incompreensão, a intuição, sem querer esquadrinhá-la nem desvendar os seus mistérios. Sem endeusá-la também. E sem pedir socorro a uma teoria qualquer...

– Não. Clarice não se deixa analisar assim tão facilmente. Eu não poderia reduzi-la. Mergulhei em sua obra, e o resultado é esse. O livro é uma síntese de dois terços da minha tese de doutorado. Fiz com o coração, mas sem descuidar do rigor da pesquisa.

– Outro ponto que parece importante revelar ao leitor brasileiro: a ligação de Clarice com as línguas que ouviu na infância e com as que aprendeu mais tarde em viagens, quando morou fora do Brasil. Essa ligação com vários modos de dizer marca muito a experiência dela com a escrita, não é?

– É. O espírito dessas línguas era captado por Clarice Lispector, que ouvia demais, via demais, sentia demais. Através dela, sentimos além do mundo das palavras, o da música e o da pintura. Toda linguagem lhe interessava, principalmente o silêncio, a entrelinha, o não dito.

Quando ia escrevendo esse diálogo, tentando relembrar nossas conversas, confundi-me um pouco, sem saber ao certo quem tinha dito o quê. Mas que importância tem isso, se a função dessa nota é apenas salientar um fato: a aproximação que o livro propõe entre Clarice Lispector e seus leitores. A escritora brasileira precisa muito que a leiam com atenção e lentidão. E que a desmitifiquem. Ela disse mais de uma vez: "Eu sou simples". Ser e continuar simples, depois de tudo o que escreveu, foi o que ela conseguiu. Talvez sua maior façanha. Não a compliquemos. Tentemos ser, nós também, humildemente simples.

Aproveitem a leitura deste livro cuja tradução foi discutida e revisada em vários cafés de Montreal, principalmente no Porté Disparu, também conhecido como Café des Poètes, nosso preferido. Ficávamos lá horas trabalhando sem que ninguém nos incomodasse, muito embora nosso português exaltado chamasse a atenção dos outros clientes e da moça simpática que nos atendia.

LÚCIA PEIXOTO CHEREM
Bolsista da Capes, Universidade de São Paulo, em estágio de pesquisa para doutorado na Universidade do Quebec, em Montreal, setembro de 2001.

Claire e Clarice

Em 1979, a estudante de Letras Claire Varin ouviu falar pela primeira vez em Clarice Lispector. Nada sabia a respeito da escritora brasileira quando leu *La Passion selon G.H.*, em tradução publicada na França. Sempre desconfiei de que assim como os leitores procuram certos livros, há livros que procuram certos leitores. A escolha é no mínimo recíproca. Curiosa, já com a ideia de escrever e defender uma tese, Claire Varin estava atrás de Clarice Lispector. E sem nenhuma dúvida Clarice Lispector estava no encalço de Claire Varin.

  A estudante canadense pouco sabia do Brasil e da literatura brasileira. Teria ouvido falar de um ou outro nome, que não lhe deixou mais do que um eco vazio na lembrança. Estava, pois, distraída e inocente, quando foi apanhada na teia de *A paixão segundo G.H.* Como qualquer leitor brasileiro em 1964, Claire não sabia quem era esse misterioso personagem de quem só se conheciam as iniciais.

  Sobre Clarice, sabia um pouco mais, ou melhor, umas poucas letras a mais. Conhecia o nome completo – até que concluiu a leitura do romance que a agarrou para sempre. Três anos depois, em 1982, tendo lido outros livros de Clarice, Claire estava decidida a estudar a obra da escritora brasileira. Procurou tudo o que havia em francês e em outras línguas. Claire concluía o mestrado na Universidade de Montreal.

  A escolha se impunha: queria fazer a tese de doutorado sobre Clarice Lispector. Foi o que propôs à universidade, num projeto bem articulado, em 1982. A essa altura, Claire tinha certeza de que Clarice exigia maior aproximação. Impunha total adesão. Antes de mais nada, era preciso entender Clarice no original: ler e falar português. Claire começou a tomar aulas com uma professora brasileira. Ainda era pouco, muito pouco. Clarice continuava a chamá-la para mais perto. Clarice estava morta havia dois anos quando Claire leu *La Passion selon G.H.* Tinha começado a posteridade de Clarice Lispector.

13

Claire Varin veio ao Brasil pela primeira vez em 1983. Clarice, a escritora, a obra, era um processo encerrado. Estava concluída a sua via-crúcis. Havia cinco ou seis anos, Clarice só falava por meio dos livros em sua obra, nos sete romances e três livros de contos. Sete e três – dois números perfeitos cuja soma é dez. Clarice falava também por tudo o que escreveu, como jornalista e cronista, para sobreviver. Para viver. Em tudo o que escreveu, ainda os textos mais circunstanciais, Clarice deixou o sinal de sua vida.

De sua sobrevida – que estava nos depoimentos e nas entrevistas dados, a partir do momento em que, muito jovem, se tornou uma escritora conhecida. E estava igualmente em todas as pessoas que a conheceram, que com ela conviveram mais perto, ou menos perto. A família, os dois filhos, as duas irmãs – Elisa, também romancista, e Tânia, que tem no rosto alguns traços fortes de Clarice, do clã dos Lispector. Claire entendeu logo que era preciso percorrer passo a passo o caminho de Clarice. Permaneceu 16 meses no Brasil, primeiro no Rio de Janeiro, depois em São Paulo.

Falando e lendo fluentemente o português, além do Rio de Janeiro, andou Ceca e Meca pelo Brasil adentro – por Recife e Maceió, onde primeiro viveram os Lispector, quando chegaram da remota Rússia, de Tchetchelnik; por Salvador, Manaus, Porto Alegre, Brasília, Ouro Preto. A fome de conhecer o Brasil era em Claire uma imposição de Clarice. Mais do que aprender, ela precisava apreender. Penetrar. Impregnar-se. Estava evidente agora que Claire Varin não era apenas uma estudante canadense cumprindo o dever de elaborar uma tese sobre a escritora Clarice Lispector.

Até porque Clarice não é só um tema de tese. Clarice é uma alma. Uma alma ardente, com os sensores sempre alertas. Uma permanente paixão, primeiro encarnada numa personalidade à qual não faltava sequer a beleza física e metafísica. Aquela aura de encanto feroz que a assinalava – e que continua nas imagens que dela ficaram, nos retratos, nos livros, na lembrança de todos os que um dia a viram. Percorrendo o caminho de Clarice, passo a passo, traço a traço, Claire deixou de ser, como era fatal, uma estudante que pesquisava o seu assunto.

Entre Clarice e Claire, deu-se um encontro de almas. Não se tratava mais de uma questão acadêmica de currículo. Desde a estreia com *Perto do coração selvagem*, que inaugurou a "trágica solidão" a que a condenou um crítico, ficou evidente que Clarice transcendia o plano literário. Não se tratava de um escritor que de livro em livro iria apurar a sua técnica e impor um estilo. Ela não trazia um projeto, nem alimentava uma ambição pessoal com o intuito de fazer uma obra, como quem erige um monumento a si mesmo.

Para lá de qualquer vaidosa notoriedade, ou de eventual proveito material, para além de toda a satisfação narcisística, Clarice cumpria a aventura de seu destino. Foi em busca desse destino que Claire Varin veio ao Brasil em suas quatro viagens. Sua tese de doutorado foi defendida em 1986, *cum laude*. Mas nessa altura Claire e Clarice tinham firmado um pacto. Entre uma e outra estabeleceu-se uma fraternidade. A morte de Clarice era irrelevante. Ou quem sabe tenha sido um fator favorável.

A identificação entre Clarice e Claire se fez íntima, perfeita. O sutil registro da sensibilidade de Clarice, nervo exposto ao mundo, não escapa à sensitiva antena de Claire. A moça canadense, hoje PhD pela Universidade de Montreal, leu tudo o que Clarice escreveu. Leu em português, em francês e noutras línguas que vão revelando a todos, em todas as línguas, a universal escritora brasileira. Para defender a tese sobre "A poética da tradução", era preciso ler. Mas Claire não leu apenas de fora. Interleu, com essa inteligência que etimologicamente também é *ler dentro*. Como Clarice, Claire tem o dom das línguas. E tem o dom do Espírito Santo. Uma e outra, paráclitas, leem e escrevem na língua geral, acessível a todos os que sabem ler – os que querem entender.

A partir daí, hoje, 11 anos depois de sua morte, na véspera de completar 57 anos de idade, Clarice é uma presença em todo o mundo que quer ler – e sobretudo quer entender o mistério do mundo. Em qualquer latitude, qualquer que seja a língua em que se fala, ela nos diz que o mundo é um enigma que queima. Em sua forma obscura e mais comezinha, a vida é sempre um desafio. Um cão ou um gato, uma galinha ou um ovo, qualquer coisa por mais despojada que seja, tudo pede para ser decifrado.

Clarice Lispector provavelmente não decifrou nada. Ela própria não gostaria desse papel de charadista, com a impostura de quem desata quebra-cabeças. A incógnita do mundo é sempre a mesma. Clarice, sobretudo Clarice, não teve a pretensão de resolvê-la. O que ela fez com seu enigma foi denunciá-lo, exibi-lo, mostrá-lo mesmo aí onde parece menos visível. Tudo é apenas vaga notícia de algo que está além de tudo. As coisas atrás das coisas. Os fins últimos e os primeiros princípios. Atrás dos seres, o Ser.

Claire Varin repete a seu modo o itinerário de Clarice Lispector. Estamos condenados a fazer sempre o mesmo caminho. Nessa busca incessante, não há ponto de chegada. Mas cumpre buscar o começo – a origem, a fonte, o primeiro passo. Todas as línguas querem dar notícias da infância. Do infante, daquele que não fala. Não porque não sabia falar, mas porque não precisava falar. Aí, nesse poço insondável, sem palavras, aí é que Claire Varin foi pesquisar a luz que iluminou e ilumina Clarice. Sua ofuscante claridade. Iluminada, Claire confraternizou-se com Clarice e tocou o cerne de sua originalidade. Partilha agora o seu destino. Mais que discípula, sua apóstola. A enviada.

Uma e outra, em suas línguas de fogo, pregam a busca da verdade. Escrever foi para Clarice uma tentativa de autoconhecimento. Conhecer-se para conhecer. Uma permanente inquirição. Escrever é indagar, na insaciável procura da essência. Enredada em si mesma, como se tropeçasse na própria grandeza, Clarice, querendo encontrar-se, clamava por um interlocutor. O outro. Precisava ver-se refletida para saber quem era.

Maldição ou bênção, escrever era a fuga da solidão. A solidão que, todavia, a alimentava, no renovado e impossível voto de silêncio, inseparável do compulsivo mandamento da comunicação. Falando ou escrevendo, pouco importa do que fale, Clarice fala de seu silêncio. Sua sigilosa intimidade com as coisas, com os bichos, com as pessoas – com tudo aquilo que está próximo da vida, do selvagem coração da vida. O que está nu, despido, intocado. Porque é inatingível, é preciso tentar atingir esse núcleo recôndito.

Escrever é, pois, matéria de salvação. Em todos os textos, na ficção ou na crônica, em tudo o que diz e escreve, de público ou na intimidade, Clarice persegue um alvo obsessivo. Liga tudo a tudo. Religa. Seus textos são seus exercícios espirituais. É aí, nessa perigosa atmosfera, nessa área interdita, que se deu o encontro de Clarice e Claire – muito mais do que um encontro literário. Cada uma, à sua maneira e a seu tempo, está sob o signo da viagem. Uma veio da Rússia, outra do Canadá. Na viagem interior de uma e outra, buscam ambas a materna língua universal – a que não se fala na Torre de Babel em que estamos todos encerrados.

Nos livros de Clarice pulsa uma tensão que dá notícia de algo além do texto. É lá, nesse fundo, transfundo, que Clarice se situa. E é para lá, para essa perturbadora aventura, que ela convida o leitor. O desejado interlocutor. O duplo. Aquele que reza a mesma oração, em busca da mesma luz. No gélido Canadá, em Montreal, ou no tórrido Brasil, no Rio, Clarice e Claire se sabem oriundas da mesma pátria, no exílio além de todas as pátrias. O que está para lá do efêmero, do que é literatura ou fenômeno cultural, sujeito a uma disciplina que se estuda, se estende e se desvenda.

Clarice sabia de antemão o que há de patético e frágil em todas as aparências. O que o convencional encobre, o que se esconde por trás do cotidiano e do familiar. É preciso ver além do evidente. O visível é apenas um sinal. Era esse evidente invisível que a vidente Clarice queria fundar e fundou pela sua palavra. O que o seu olhar descortinou aos olhos de quem quer ver. Nada era banal a seus olhos inaugurais. Tudo é novo. Tudo pode ser renovado a partir do começo. Do eterno recomeço. A realidade é uma ilusão no mundo em que impera o ilusionismo. Preferimos todos viver iludidos.

　　Se tudo é mágico, é preciso ver por fora e por dentro. Ver o de fora no permanente transe de quem não renuncia ao que não é aparente, invisível. Os textos de Clarice estão carregados dessa energia que é o sinal de sua peculiaridade. A força de sua originalidade, que Claire captou e, como Clarice, dela faz uma doação. Identificadas, confraternizadas, é possível que seja o caso de falar de uma possessão. Clarice Lispector não está mais só. Na palavra e no silêncio, ela viaja pelo mundo, na língua universal de que Claire Varin é porta-voz e intérprete.

OTTO LARA RESENDE
Rio de Janeiro, 12 de abril de 1989

Apareceu-lhes então uma espécie de línguas de fogo, que se repartiram e pousaram sobre cada um deles. Ficaram todos cheios do Espírito Santo e começaram a falar em outras línguas, conforme o Espírito Santo lhes concedia que falassem.

Atos dos Apóstolos 2

O espírito das línguas

Ide às chamas do vosso próprio fogo e às brasas que vós acendeis.

Isaías 50,11

Ao colocar flores no seu túmulo, na manhã do décimo aniversário de sua morte, o guarda do cemitério foi taxativo:
– Vocês fizeram tudo errado.

Tínhamos cometido uma tripla profanação no Cemitério Israelita do Caju do Rio de Janeiro, Brasil: o homem que me acompanhava não havia posto o solidéu ao penetrar no lugar do culto; eu tinha colocado três rosas sobre o túmulo, mas deveriam ter sido pedrinhas – fiquei sabendo depois – que era preciso deixar em sinal da nossa passagem; para terminar, tínhamos fotografado a lápide. O cérbero estava ultrajado. Desculpamo-nos, respeitosos, mas saindo do cemitério, estourei. Com que direito? Em nome de quem? Em nome do que ele reprovava uma oferenda de flores? Sentia-me excluída.

Contudo, eu havia vivido afetivamente na intimidade de seus textos. Que guardião da lei podia torcer o nariz assim?

O pensamento que me veio primeiro: como pode achar que ela lhe pertence? Ela não é dele. Mas de quem? De ninguém. Porém ela é dessas de quem não resistimos em nos apropriar.

Em 9 de janeiro de 1983, eu desembarcava no Rio de Janeiro, sustentada pelo amor a seus textos, descobertos graças à tradução bendita por mim, apesar de seus avatares. Parti ao seu encontro a despeito de sua morte física ocorrida em 9 de dezembro de 1977. Ao ler *A paixão segundo G.H.*, em 1979, eu havia encontrado essa paixão: uma perigosa chama que iria, eu saberia mais tarde, me fortificar.

Fazia, a qualquer hora do dia, tradução simultânea a fim de sobreviver em terra desconhecida. Correndo o perigo da dissociação à beira dos mundos, entre a América do Sul e a América do Norte, sobrevivi. Oscilando entre a perda, provocada por ter deixado de lado um eu inicial, e a aquisição de uma nova individualidade, esse ser nascendo em outra língua, embalado por um ritmo diferente. Recém-nascido em crescimento no calor do verão do Rio, quarenta graus na sombra. Eu estava ali, na fonte primária, e lia a obra de Clarice Lispector (sete romances, mais de setenta contos e textos curtos, dois livros de prosa, quatro histórias para crianças). Vim a conhecer suas últimas palavras:

> Súbita falta de ar... Eu, eu, se não me falha a memória, morrerei. É que você não sabe o quanto pesa uma pessoa que não tem força. Me dê sua mão, porque preciso apertá-la para que nada doa tanto. (EPR, 61)[1]

Eu, tocada, morta com ela.
Leio as cartas que ela envia às irmãs durante os 15 anos (1944-1959) que passa no exterior, onde se ocupa de suas incumbências de mulher de diplomata. De Argel, Roma, Nápoles, Florença, Berna, Lausana, Torquay, Washington. A força de sua fragilidade, acentuada pelo exílio, me transporta:

> Meus problemas são os de uma pessoa de alma doente e não podem ser compreendidos por pessoas, graças a Deus, sãs. (Nápoles, 1945) (EPR, 109)

> Infelizmente, meus ciclos de humor não têm um ritmo tão largo como as *Seleções do Reader's Digest* preveem. Não é de 33 em 33 dias que "desço", é diariamente que desço e subo. E pior: passo, às vezes, semanas inteiras sem conseguir subir um pouco sequer. (EPR, 117)

> Vocês nunca experimentaram o que é receber cartas quando se está fora, sobretudo fora como eu, inteiramente fora: pergunta-se sem esperança, mas cheia de esperança e quase certeza: há cartas para mim? E se respondem: chegou esta – então eu fico boba de surpresa e de reconhecimento. (Berna, 1946) (EPR, 113)

Arriscados jogos de espelhos: do exílio do Brasil, espero, também sem esperança, mas plena de esperança, cartas vindas de uma terra natal, único corpo sólido no universo instável de um vagar prolongado. Ouso dizer que Claire no estrangeiro lê Clarice no estrangeiro. Arriscado. O perigo: levar adiante demais a identificação. O desafio: não se colocar nem muito perto nem muito longe dela. Aproximar-se com humildade e orgulho. Viver no âmago do paradoxo. Com suavidade, exigir entrar na sua casa como se fosse a minha, mas não é.
Vivi no Rio de Janeiro, no seu bairro, o Leme, a dois passos de onde ela morou até morrer. Da minha janela, tinha a mesma vista que ela sobre

o Atlântico. Olhei através dos seus olhos. Entrei no oceano ao amanhecer, a hora da imensa solidão do mar; caminhei pela aleia das palmeiras reais do Jardim Botânico, fui a uma cartomante, a um terreiro, encontrei uma barata de olhos escuros no quarto, comprei um doce para uma criança esfomeada que pedia mais com o olhar do que com os lábios. À imagem de suas personagens femininas Lóri, Ana, Macabéa, Glória e G.H. ou Clarice Lispector.

Ler é unir-me ao ritual delas. Viver aí. Na língua portuguesa do Brasil, sob trópicos não exóticos. Dizer sim. Quebrar a metáfora "Brasil". Eliminar a distância, abraçar o país para valer, tornar-me, eu mesma, brasileira. Amazonense, sem dúvida.

Conheci sua família, seus amigos, entre os quais, vários escritores. Conversamos longamente. Nós a acordamos, a invocamos. Ela circulava no meio de nós, fantasma querido. Ela me ajudava. Eu também ouvia histórias que me permitiam *traduzir* melhor o clima místico do país. Ouvi falar sobre um caso de espiritismo, mantido em segredo, envolvendo Clarice. De arrepiar os cabelos de qualquer um... Para o meu próprio bem e pela minha reputação... Sugerem-me esquecer essa história ou escrever, a partir dela, um conto fantástico.

Além do mais, eu assistia às misérias do mundo. Tive que aprender a suportar os mendigos e suas feridas abertas, suas bocas desdentadas, seus membros amputados. Entre os males, por trás dos textos, nas entrelinhas, um espaço-tempo urrando, velado pelos desfiles de Carnaval e pelas partidas de futebol, queimado pelo sol, umedecido pelo mar, ensurdecido pelo samba. Em Copacabana, bairro daquela que já se chamou Cidade Maravilhosa, no meio da calçada ou contra as vitrines das lojas, dormem seres humanos cobertos com sacos plásticos ou com folhas de jornal. Muito frequentemente crianças. Haveria milhares abandonadas por todo o Brasil. Nunca é demais repetir.

Clarice Lispector admitia sua impotência ao tratar, de modo literário, da "coisa social". Também foi vítima de injustiça ao longo de sua infância de filha de imigrantes judeus. Era alguma coisa que a mortificava. No entanto, assim como a narradora de *Água viva*, ela toma conta – com seus olhos – de milhares de favelados, habitantes dos barracos pendurados nos flancos dos morros do Rio de Janeiro.

Ela era uma mãe da humanidade. O escritor Otto Lara Resende, um de seus amigos, conta que um dia cruzou com ela na rua. Depois de tê-la deixado, seu filho, que o acompanhava, pergunta: "Quem é aquela moça loura?" E antes mesmo que o pai tenha tempo de responder, o filho acrescenta: "Ela tem dentro dela uma coisa que pula o tempo todo. Ela tem filhos?" Alguns anos mais tarde, Otto se encontra em plena discussão com Clarice em seu apartamento quando ela dispara de uma só vez: "Diga a seu filho que posso ser mãe, sim. Posso ser mãe dele. Posso ser sua mãe, Otto. Posso ser mãe da humanidade. Eu sou a mãe da humanidade".[2] Mãe do povo brasileiro, ela se expressa em estilo jornalístico sobre o problema da fome em uma das centenas de crônicas que redige para o *Jornal do Brasil*, de 1967 a 1973:

> Milhares de homens, mulheres e crianças são verdadeiros moribundos ambulantes que tecnicamente deviam estar internados em hospitais para subnutridos. Tal é a miséria, que se justificaria ser decretado estado de prontidão, como diante de calamidade pública. Só que pior: a fome é a nossa endemia, já está fazendo parte orgânica do corpo e da alma. E, na maioria das vezes, quando se descrevem as características físicas, morais e mentais de um brasileiro, não se nota que na verdade se estão descrevendo os sintomas físicos, morais e mentais da fome. (DM, 26)

A hora da estrela (1977), publicado no ano de sua morte, calara aqueles que a julgavam incapaz de abordar, por meio da ficção, os problemas sociais do Brasil. Vivo com o dublê de Macabéa, personagem de seu último romance, nordestina emigrada para uma "cidade toda feita contra ela": no apartamento onde aluguei um quarto no trigésimo andar de um dos edifícios mais altos de São Paulo, trabalha uma jovem empregada vinda do Nordeste para ganhar sua vida na metrópole. Uma maneira de reler em versão original. Eu também vivo na Torre de Babel: festejando, por exemplo, a Páscoa judia na casa de uma húngara no centro da megalópole paulista, onde vive a mais importante colônia japonesa do mundo. Sincretismo à brasileira.

Escolhi um caminho íngreme: a crítica transmudada em criação. Em aventura. Em experiência direta. Em caminho prático (o verdadeiro saber). Em itinerários como esse: Maceió, depois Recife, no Nordeste, onde Clarice cresceu, depois percorrendo os bairros do Rio de Janeiro, onde se passam os 17 últimos anos de sua vida, até o cemitério judeu onde descansa. Para penetrar sua obra, rejeitei o intelectualismo, encorajada pelo *Manifesto antropofágico* (1928), de Oswald de Andrade, líder radical do movimento modernista brasileiro:

> O espírito recusa-se a conceber o espírito sem o corpo. O antropomorfismo. Necessidade da vacina antropofágica. [...] A experiência pessoal renovada. [...] Suprimamos as ideias e as outras paralisias. Pelos roteiros.

Imito o antropófago e engulo o escritor. Pairando numa confusão preparatória, adoto espontaneamente o método de conhecimento telepático dos textos de Clarice Lispector e do grande livro brasileiro. Comunhão de corpos-espíritos. É uma questão de sentir, como ela mesma o presume, e de se tornar o meio, através do qual alguma coisa dela se incorpora. Segundo o próprio testemunho de Clarice, ela "pegou" um sotaque americano traduzindo os diálogos de uma peça de teatro de Lillian Hellman. Tentarei recuperar uma parte do sopro. O sentido virá "através da respiração, e não em palavras" (EPR, 79). A fim de atingir seus textos sem desertá-los, a intuição se revela necessária e a razão, insuficiente. Seria o caso, então, de interceptar a forma da obra, como num breve e paródico fragmento, de fonte não identificada, mencionado pela própria Clarice e intitulado "Crítica pesada":

> Vou fazer um conto imitando você. E vai ser na máquina também: menina mendiga. Era uma coisa. Quieta, bonita, sozinha. Encurralada naquele canto, sem mais nem menos. Pedia dinheiro com intimidez. Só lhe restava isso: meio biscoito e um retrato de sua mãe, que havia morrido há três dias.

Recusa-se a encarar a literatura de fora para dentro, como uma "abstração". Detesta os debates intelectuais sobre literatura e toda crítica formalista, puramente estruturalista e linguística. A amiga e escritora Nélida Piñon, tendo insistido para que a acompanhasse a um seminário sobre literatura, conta que, depois de ter escutado uma parte do debate, Clarice disse:

> Nélida, vou te pedir um favor, eu quero que você vá ao palco, à mesa, e dê ao público e aos debatedores o seguinte recado: diga a eles que se eu tivesse entendido uma só palavra, uma só frase de tudo que eles disseram, eu não teria escrito um só livro meu.[3]

Parece-me inconcebível falar de um modo cerebral de seus textos, quando o que ela deseja não é a explicação, mas a receptividade e uma forma de compreensão empírica. A reciprocidade que ela põe entre o leitor e o autor nos obriga a deixar de lado o raciocínio, percebido por ela como um anestésico.

Se para lê-la é preciso se ligar a ela, como receber, por exemplo, *A paixão segundo G.H.*, seu quinto romance, o mais intolerável na sua inquietante estranheza? Ela declara ter perdido o controle de sua personagem feminina ao compreender repentinamente que G.H. terá que provar as entranhas da barata esmagada contra a porta do armário. Ou se fecha o livro, ou se segue G.H., passo a passo, na experiência de despersonalização que a conduz aos abismos do inconsciente, ao núcleo, à matéria viva, desordenada, ao nada neutro, raiz do bem e do mal, do bom e do ruim. Afundamo-nos com ela na vida pré-humana e provamos das vísceras do inseto. Submetemo-nos ao feitiço.

Viver a feitiçaria essencial à captação de uma obra que sussurra visões, arrepios nascidos do dom de sentir a irradiação dos objetos, da substância:

> A aura é a seiva da coisa. Emanações fluídicas me cegam ofuscantes a visão. [...] A aura da coisa vem do avesso da coisa. [...] Estou em telepatia com a coisa. Nossas auras se entrecruzam. A coisa é pelo avesso e contramão. [...] O espírito da coisa é a aura que rodeia as formas do seu corpo. É um halo. É um hálito. É um respirar. É uma manifestação. É o movimento liberto da coisa. (SV, 104)

Mágica ou poética – questão de perspectiva –, ela percebe aquilo que, presos que somos do hábito da razão, não sabemos mais olhar. Nunca publicou livro de poesia, mas é poeta. É como poeta pragmática que recomenda a uma criança, em forma de conto de fadas, a escrita em prosa:

> Era uma vez uma menina suave, leve e linda e que tinha voz de pena de pássaro. [...] E também escrevia bonito. Mas veio a fada e avisou-lhe: se você quiser ser escritora, procure escrever em prosa, até mesmo prosa poética, porque ninguém edita comercialmente livro de poesia.[4]

Além do fator econômico, o que acontece a uma mulher poeta nesse Brasil dos anos 1940, época em que começa a publicar? Haveria uma resposta implícita a essa questão, nas entrelinhas de seus primeiros contos, escritos aos vinte anos? Uma mulher está esperando um homem num café e reflete no que seu professor de francês lhe havia dito: *Vous serez un bon poète!*[*] Essa moça, Flora, tinha vontade de chamar o garçom para que lhe trouxesse papel e tinta. Então, depois de prevenir eventuais ouvintes – "*Meus senhores, vou escrever uma poesia!*" –, ela escreveria "Árvores silenciosas / perdidas na estrada. / Refúgio manso / de frescura e sombra". Flora se dirigirá, mais uma vez, a um auditório imaginário: "Meus senhores, agora justamente que eu tinha tanto

---

[*] Em francês no texto.

para dizer, não sei me exprimir. Sou uma mulher grave e séria, meus senhores. Tenho uma filha, meus senhores. Poderia ser um bom poeta".[5]

Pouco tempo depois de ter feito Flora expressar seu clamor, Clarice escreve a seu amigo Lúcio Cardoso:

> Sabe, Lúcio, toda a efervescência que eu causei só veio me dar uma vontade enorme de provar a mim e aos outros que eu sou mais do que uma mulher. Eu sei que você não o crê. Mas eu também não o acreditava, julgando o que tenho feito até hoje. E que não sou senão em estado potencial, sentindo que há em mim água fresca, mas sem descobrir onde é a sua fonte.[6]

Com seu coração reprimido de poeta, tece pulsações no calor violento do Rio de Janeiro. Segundo Olga Borelli, sua secretária durante os dez últimos anos de sua vida, Clarice se queixava do clima tropical, parcialmente responsável por sua escrita fragmentada, sua preguiça e suas fugas diante do trabalho. E não é justamente fora do Brasil, em Washington, que escreve seu mais longo romance, *A maçã no escuro*, e o único para o qual ela redige várias versões?

Se a escrita por fragmentos de vislumbres instantâneos se inscreve num vasto movimento ficcional contemporâneo, era também, para Clarice, uma arte de viver e um método ao qual permaneceu fiel até o fim: de *Perto do coração selvagem* (1944), seus primeiros fragmentos "organizados em romance", a *Um sopro de vida* (1974-77), seus últimos fragmentos póstumos (1978), passando por *A paixão segundo G.H.* (1964), *Água viva* (1973) e *A hora da estrela* (1977), frases-clímax irradiam. No lugar de poemas, palavras inspiradas, frases soltas. Seguindo seus sopros, anota fragmentos sobre envelopes vazios, talões de cheque, guardanapos, pedaços de papelão, cartões de visita, ou neles imprime os lábios: uma maneira de ser poeta numa terra em que a poesia não vende – exceto em canções –, sobretudo quando o poeta tem um nome de mulher.

Escrever no Brasil: um luxo? É claro que o clima tórrido não basta para justificar a popularidade do conto e a paixão dos brasileiros pela crônica de jornal. Sem entrar no jogo do positivismo, digamos que sob os trópicos cresce, de fato, o espaço entre as palavras e se acentua a brevidade das formas literárias. Talvez o extremo calor permita perceber a atração de Clarice pelas entrelinhas... Igual ao seu amor pelas palavras?

Ah, mas... "Querer entender é das piores coisas que podiam me acontecer" (sv, 78). Assumo essa fala esclarecedora do personagem Autor em

Um sopro de vida. Não fosse isso, o que poderia apresentar a vocês? Talvez uma infeliz construção teórica inaplicável no caso de Clarice Lispector. Mas de que maneira falar de minha paixão ao pôr os olhos sobre essas três frasezinhas incômodas? "Estou can-sa-da. De ser in-com-pre-en-sí-vel. Mas não quero que me compreendam senão perco a minha intimidade sagrada." (VE, 20)

Oferecerei, nas páginas seguintes, um caminho ávido de um outro caminho e o imprevisível que esbarrou em mim no meio da estrada. Escrever sobre Lispector me interessa na medida em que "me surpreend[o]" também a mim "com o que escrevo" (SV, 90). O embrião deste "O dom das línguas" inesperado, que me surpreendeu, é uma espécie de confissão da também escritora Elisa Lispector, uma das duas irmãs mais velhas de Clarice, já falecida. Durante um de nossos encontros no Rio, faço-lhe várias perguntas às quais, avessa às entrevistas, ela concede respostas quase usurpadas. Tenho uma ideia na cabeça, na verdade, uma frase, um fragmento manuscrito de Clarice: "Vivo 'de ouvido', vivo de ter ouvido falar". Depois de vários rodeios ligados aos próprios romances e contos de Elisa Lispector, envereda por um terreno perigoso, um tabu, as origens judaicas da família: "Clarice, que tinha apenas alguns meses quando vocês imigraram para o Brasil, chegou a aprender a língua de seus pais?" Não lacônico vindo dela. Insisto: "Clarice não falava uma outra língua além do português em casa?" Elisa revela o que eu imaginava ouvir: os pais falavam iídiche em casa; Clarice entendia o idioma, embora nunca o tenha falado.

A partir dessa revelação, amadureci, durante três anos, "O dom das línguas". Eu o escrevi em forma de espiral, o que me parece se explicar pelo mimetismo do próprio movimento dos campos magnéticos.

Clarice bebeu em segredo o leite das línguas: "Sou o resultado de ter ouvido uma voz quente no passado e de ter descido do trem quase antes dele parar [...]" (SV, 34). O iídiche habita nela mais clandestinamente ainda, já que nunca aprendera a se expressar na língua de sua mãe, morta cedo demais: Clarice tinha apenas nove anos. Alimentada pelo idioma, assimila o português da terra que acolheu seus pais. Suas experiências auditivas a mergulham desde a mais tenra infância num estado de desestabilização de uma língua única, *pura*. Ela nutre constantemente uma estrutura mental binária pelo aprendizado de outras línguas (o francês, o inglês e o italiano), durante as estadias na Itália (1944-46), na Suíça (1946-49), na Inglaterra (1951) e nos Estados Unidos (1952-59), e graças às suas atividades de tradutora, exercidas durante os 15 últimos anos de sua vida. Na instabilidade de um bilinguismo manco, ela trabalha, por natureza, à margem. Sua sintaxe, traduzindo sub-repticiamente uma mescla singular de línguas, fala, assim, com um sotaque estrangeiro, refletindo aquele, bem real e indefinível, buscando convencer que era um defeito de pronúncia. Segue o início de sua conferência sobre a "Literatura de vanguarda no Brasil":

> Bem, tenho que começar por lhes dizer que não sou francesa, esse meu *err* é defeito de dicção: simplesmente tenho a língua presa. Uma vez esclarecida a minha brasilidade, tentarei começar a conversar com os senhores.[7]

Os conflitos de identidade se intensificam nas fronteiras. Ouve-se e lê-se na sua escrita a torrente das línguas que fluem nela. É essa efervescência que a incita a ler "depressa, depressa, depressa" o texto de uma conferência ou a colocar em cena situações conflituosas entre o sujeito e o outro, seja do reino mineral, vegetal, animal ou humano – pedra, maçã, ovo ou homem? É esse caldeirão das línguas que a leva a escrever com palavras, aconchegadas de tal forma umas nas outras, que acaba não havendo intervalo entre elas e Clarice? Essa ansiedade se parece com a da estrangeira que chega a dominar a língua de adoção, exigindo desta o máximo de adequação a seus pensamentos e sentimentos. Clarice Lispector se aproxima das últimas trincheiras do português brasileiro, cuja elasticidade é percebida como um obstáculo ao aprofundamento das suas intuições por meio das palavras.

Uma observação sobre esse português brasileiro que freia a difusão, amplamente merecida, da obra de Clarice Lispector. Escutemos o testemunho de Autran Dourado em relação à "solidão linguística" dos mais de 215 milhões de brasileiros, distantes não somente da Europa e da África, de onde se originam, mas separados do resto da América do Sul hispânica:

> Falamos, os brasileiros, uma língua em processo, com milhares de palavras não dicionarizadas, língua originária do latim, via Portugal. Se não somos mais lidos e ouvidos é porque não tem a nossa língua atrás de si uma grande economia, uma tecnologia poderosa, o que nos distancia e nos isola ainda mais. Somos, o Brasil, um "continente" "solitário".[8]

Assim, está posto o problema da recepção das obras brasileiras. Abre-se, contudo, um espaço para a literatura do Brasil, confundida cada vez menos com as produções latino-americanas de língua espanhola. Justiça seja feita, a Europa focaliza, há alguns anos, a América do Sul por muito tempo cativada pelos mestres europeus.[9] Clarice não escapou à regra. Depois de beber até se saciar das fontes da cultura do Velho Continente – entre suas paixões literárias: Emily Brontë, Fiódor Dostoiévski, Julien Green, Hermann Hesse, Katherine Mansfield –, ela põe em destaque a questão das literaturas nacionais:

> Tive que pôr de lado a palavra vanguarda no seu sentido europeu. Pensei, por exemplo, se o nosso movimento de 1922 – o chamado movimento modernista – seria considerado vanguarda por outros países em 1922 mesmo. Nesse movimento, a experimentação característica de uma vanguarda seria reconhecida como tal por outras literaturas? O movimento de 1922 foi um movimento de profunda libertação. Libertação significa, sobretudo, um novo modo de ver. Libertação é sempre vanguarda. E nessa de 1922, quem estava na linha de frente se sacrificou. Mas libertação é, às vezes, avanço apenas para quem se está libertando e pode não ter valor de moeda corrente para os outros. Para nós, 1922 significou vanguarda por exemplo, independentemente de qualquer valor universal. Foi movimento de posse. Um movimento de tomada de nosso modo de ser, de um dos nossos modos de ser, o mais urgente daquela época talvez. Que já tenhamos inclusive ultrapassado 1922 ainda mais o reafirma como movimento de vanguarda. Foi tão absorvido e incorporado que se superou, o que é característico de vanguarda. E se a 1922 nos referimos historicamente, na realidade, somos resultados dele. [...] O Ciclo do Nordeste significou usar uma linguagem brasileira numa realidade brasileira. Isso tudo ainda era resultado de 1922. Em 1922, o abrasileiramento e a tomada de nosso próprio modo se assemelham ao que aconteceu na literatura dos Estados Unidos. Foi usar a linguagem americana e não a inglesa que levou a um novo modo de ver a realidade americana e a se apossar desta, como só o fundo-forma se apossa.[10]

Ela poderia ter dado o exemplo do Quebec, pouco conhecido na América do Sul, bem menos que o Canadá. O Quebec divide com o Brasil e os outros países da América Latina a dificuldade de acesso ao reconhecimento universal de uma língua e de uma literatura nacionais a serem protegidas da sujeição à cultura europeia monopolizadora francesa, portuguesa ou espanhola. Os quebequenses francófonos, esses latinos da América do Norte, cuja situação cultural se aproxima da dos brasileiros, voltaram-se para os vizinhos lusófonos do Sul.[11] Os intercâmbios culturais que se estabeleceram com o Brasil nos convidaram a observar o fenômeno do bilinguismo, tal como existe na América do Norte, sob um novo ângulo, pelo exame de um tipo diferente de relação interlinguística.

Clarice estima ser essencial assegurar o respeito de uma língua e de uma cultura específicas, muito além de um nacionalismo estreito:

> Temos fome de saber de nós e grande urgência, porque estamos precisando de nós mesmos mais do que dos outros. É claro que quando falo de tomada de nossa realidade não estou nem sequer à beira da palavra patriotismo, pelo menos na concepção usual do termo. Não se trata, nessa maior posse de nós mesmos, de enaltecer qualidades e nem sequer de procurar qualidades. A nossa evidente tendência nacionalista não provém de nenhuma vontade de isolamento. É movimento, sobretudo de autoconhecimento, legítimo, assim como qualquer movimento de arte é sempre movimento de conhecimento, não importa se de consequências nacionais ou internacionais.[12]

Além dos vocábulos brasileiros e das circunstâncias políticas exigindo o reconhecimento de uma língua nacional, liberta do jugo português, assiste-se em Lispector a uma sacralização da palavra. Ela se transmuda num coração batendo. Em busca da palavra corpo-espírito e da substância em si – "Se eu tivesse que dar um título à minha vida seria: à procura da própria coisa" (LE, 221) –, deseja penetrar o enigma da matéria. Encara também a palavra e sua irradiação enquanto elementos relacionais: "Numa linguagem real, numa linguagem que é fundo-forma, a palavra é, na verdade, um ideograma".[13] Assim, em outros momentos, coloca em foco as relações entre as palavras-signos mais do que a palavra em si mesma, sentindo o intervalo incontornável entre o termo e a coisa designada.

Em vez de defini-lo, eis o objeto unido e ligado a outro e captado em seu movimento: "As coisas fazem o seguinte barulho: *chpt! chpt! chpt!* Uma coisa é um ser vivente estropiado" (SV, 104). A partir do primeiro romance da escritora, vê-se essa adesão a uma lógica da correlação, com Spinoza na paisagem: "Os corpos se distinguem uns dos outros em relação ao movimento e ao repouso, à velocidade e à lentidão e não em relação à substância" (PCS, 116).

É o rosto meio asiático – tanto no sentido próprio quanto figurado – de Clarice Lispector. À imagem do ideograma que admite a coexistência dos antônimos, a oposição se torna um meio de expressão, um "livro de não memórias", uma "alegria dolorosa" etc. De *Perto do coração selvagem* a *Um sopro de vida*, encontramos essa aceitação do aspecto relacional dos contrários em que se fundamenta *A paixão segundo G.H.* Veremos em "O dom das línguas" que ela consultava o *I Ching*, livro de adivinhação chinesa baseado na dualidade correlativa do *yin* e do *yang*. A lógica da identidade a incomoda. De fato, o corpo e o espírito, o espaço e o tempo, o fundo e a forma constituem casais inseparáveis. Ela não escreve "O ovo ou a galinha", mas "O ovo e a galinha", esta última constituindo, aliás, "a contradição de um ovo". A sua escritura relacional arrebenta com as categorias sob o impulso de um pensamento analógico sustentado pela sinestesia:

> Um dos modos de viver mais é o de usar os sentidos num campo que não é propriamente o deles. Por exemplo, eu vejo uma mesa de mármore que é naturalmente para ser vista. Mas eu passo a mão o mais sutilmente possível pela forma da mesa, sinto o frio, imagino-lhe um cheiro de "coisa" que o mármore deve ter, cheiro que ultrapassa a barreira do faro, e nós não conseguimos senti-lo pelo olfato, só podemos imaginá-lo. (SV, 112)

Ela se contrai entre a vontade de isolar a substância a fim de decifrar seu mistério e a de unificar as coisas e os seres. Solitária e solidária. Arqueiro em movimento, ela busca essa tensão na escrita. O Autor, último personagem masculino de Clarice, já duplicado pela sua própria criação de Ângela, deseja adotar um método de escrita "esquizoide". Perigo de um precipício a espreitar o escritor, tradutor do real. O corpo-espírito de Clarice se estende entre os mundos, as línguas, os sentidos, as lógicas, e teme, escrevendo, cair pelos confins da vida e da morte. "É que passarei por causa do ritmo em seu paroxismo – passarei para o outro lado da vida. Como te dizer é terrível e me ameaça. Sinto que não posso mais parar e me assusto." (AV, 19) Habita-a o medo de uma irremediável vida dupla de feiticeira que "não dorme sem a avidez de um rito" (LE, 93). Perguntou uma vez a seu médico se corria o risco de ficar louca. "Santa brasileira da escrita" ou "Tremenda bruxa"?[14] Não. Sensitiva, divina e imperfeita, à nossa semelhança.

No Rio, na véspera do Dia dos Mortos, Otto Lara Resende me avisou em tom de brincadeira: "Você deve tomar cuidado: Clarice não é literatura, mas bruxaria". Por outro lado, um padre afirma a Clarice Lispector que ela toca na "fímbria do manto do Senhor", toca "a fímbria de sua Luz", porque ela beira o Mistério.[15]

Ela desnorteia. Suas imagens e sua sintaxe são estranhas. Suas metáforas se parecem com os olhos daquela mulher que, como diz Clarice, são "tão independentes como se fossem plantados na carne de um braço, e de lá nos olhassem – abertos, úmidos" (FC, 121). Mas como apresentar a vocês sua obra?

Em "A construção do templo", que eu proponho como um complemento ao "O dom das línguas", tentei esboçar o grande movimento fundador da obra. "Eu te amo", escreve Clarice, "geometricamente e ponto zero no horizonte formando triângulo contigo. O resultado é um perfume de rosas maceradas." (SV, 65) Senti o prazer da revelação das leis da geometria. Assinalarei as estrelas que entrevi antes de descobrir esse fragmento de uma versão inicial de *Água viva*: "Então sobre estrelas nunca se erra. Experimentem. Só não dá certo com quem se julga inteligente demais". Há um astro cintilante na obra de Lispector: a estrela de Davi, de seis pontas, o signo-salomão. Se o rei Salomão construiu seu templo em sete dias, Clarice o fez..., é a vez de vocês, guiados pelos astros e pelas figuras.

"Os números", meu pré-texto, serviu também de trampolim para mergulhar na fonte borbulhante. Na verdade, tomou-me de assalto. Enquanto Ângela, última personagem feminina de Clarice, pensa em forma de triângulo ou conta de um a mil e se hipnotiza com as palavras, encaro o caráter secreto dos números que me insuflarão a coragem de delinear o esboço do conjunto de sua obra. Em seguida, desliguei-me insensivelmente dos números. Levada pelos tempos fortes e, por vezes, fracos da edificação da *Magnum Opus*, ocultei-os novamente.

Pista intuitiva. Ouço já os comentários irônicos da crítica racionalista, mas me conformo, pois vivo e respiro; um dos efeitos da lógica cartesiana, do qual temos dificuldade em nos libertar, é o medo de viver e o de respirar, como pressente Ângela, ela mesma "vice-versa e em ziguezague". Obedeço, por outro lado, a uma certa ordem cronológica tradicional de apresentação que favorece a leitura do eletrocardiograma de sua obra. Poderia ter tomado vários rumos, claro, mas eu tinha que desbravar uma das vias de acesso a todos esses caminhos nos quais outros se comprometerão. Poderia ter analisado, em Clarice Lispector, temas, estruturas, gêneros etc. Poderia ter estudado também o gênero do conto em que ela brilha. Contento-me aqui em relatar os meus achados no capítulo das definições. Esta frase, levemente irônica, de Mário de Andrade: "Conto é tudo aquilo que seu autor chama de conto"; a de André Gide: "*La nouvelle est faite pour être lue d'un coup, en une fois*".* O conto aparece para Clarice Lispector como uma forma de "infidelidade" ao romance, ele próprio um exercício de "grande contenção".[16] O romance com seu grande sopro sagrado. O conselho de Clarice a Otto Lara Resende: "Não escreva conto, escreva romance, porque conto você escreve e escreveu; romance, você está escrevendo".

E a tradução de seus textos? Espelho da posição desconfortável da espinhosa Clarice nas margens dos mundos e das línguas. Intratável mu-

---

* "O conto é feito para ser lido de um só golpe, de uma só vez."

lher-cacto à beira do deserto, "é impossível acariciá-la": seus espinhos nos ferem assim como machucaram, primeiro, sua própria carne, mas é possível beber sua "áspera seiva: leite de mãe severa" (SV, 110). Uma comida engasgada transmitida de mãe para filha. A escritora anota em uma de suas cadernetas inéditas conservadas por sua secretária Olga Borelli:

> Me perguntei se eu não evito aproximação com as pessoas por medo de vir a odiá-las. Com todo o mundo me dou mal. Eu não tenho tolerância. Ela me disse [...] que sou uma pessoa a quem é difícil de dar carinho. Respondi: bem, não sou o tipo que inspira carinho. Ela: você quase que empurra a mão que lhe dão para ajudar. Às vezes você precisa de ajuda, mas não pede.

A seiva áspera arranha a orelha dos tradutores. "E a palavra não pode ser enfeitada e artisticamente vã, tem que ser apenas ela", enuncia o narrador de *A hora da estrela*. Mas, na versão francesa, embeleza-se a sua frase rugosa: "*Or, le verbe ne saurait être joliesses creuses*"* (HE, 24), em vez de "*Et le mot ne peut être embelli ni vain au plan artistique, il doit être à peine lui-même*". Retiram-se os espinhos do cacto, apara-se mais ou menos esse cacto, dependendo da época e das tolerâncias. Esse trabalho é realizado mais ou menos clandestinamente; muitas vezes, o leitor nada percebe, já que o texto está redigido em bom francês. No entanto, fica claro, Clarice não busca embelezar seu léxico ou modelar sua sintaxe. Aspira a se despojar do estético, assim como G.H. ousou renunciar a um código moral e literário de beleza.

Basta de crítica, pois quem não foi responsável, um dia, por um pequeno massacre de texto? A advogada do diabo diz: o teste da tradução fortifica o original na sua luta para migrar, como os seres, e sobreviver, desenraizado. À imagem de Clarice, que, ela própria no estrangeiro, luta para que seu primeiro romance seja corretamente traduzido em francês. Há dez anos no exílio, conta a suas irmãs os rigores da batalha numa carta de 10 de maio de 1954, proveniente de Washington:

> Recebi as provas da tradução de *Perto do coração selvagem*, já em certo tipo de papel que Erico [Verissimo] reconheceu como sendo papel definitivo: isto quer dizer, minhas correções devem ter ido tarde demais. E foram tantas as correções que eles teriam que refazer toda a paginação etc. etc. Se já chegaram tarde demais, é melhor eu esquecer o caso, se não quiser me

---

* Algo como: "Ora, o verbo não saberia ser vazias lindezas."

aborrecer seriamente. A conselho de Erico, mandei uma carta dizendo que a "tradução era escandalosamente má" etc., que preferia que o livro nunca fosse publicado na França a sair como está, sem correções. E mandei exemplos dos erros de tradução. Esse trabalho me levou cerca de dez dias, trabalhando muitas vezes até duas e tanto da madrugada, pois fui obrigada até a escrever em francês. [...] Parece que é tarde demais, que não vão poder fazer nada. Então vou procurar esquecer que o livro foi traduzido.[17] (EPR, 140)

Que viva – apesar do seu caráter muitas vezes doloroso – a tradução, esperança de união entre as línguas, os povos, de vida pura de antes de Babel. Sim à tradução, pois histórias de amor acontecem também no exterior, bênçãos. Se "um valor positivo se compra ao preço de um valor negativo" (DM, 388), depois da *má* tradução vem um dia a *boa*, já que, segundo Clarice, na "teoria da Física da antimatéria, tudo tem verso e reverso, tudo tem sim e tem não, tem luz e tem trevas, tem carne e espírito" (SV, 157). As traduções: provas de vida após a morte... tantos nascimentos, em outros lugares, de corpos-espíritos ligados à alma e falando outra língua. Transbordamento do excesso de vida de um ser: "Minha alma é tão ilimitada que já não é eu [...] minha própria vida é tão pouco cabível dentro de meu corpo que não consigo usá-la" (PSGH, 146).

Eis agora "O dom das línguas", seguido de "A construção do templo".

O dom das línguas

É engraçado que, pensando bem, não há um verdadeiro lugar para se viver. Tudo é terra dos outros onde os outros estão contentes.

Carta de Clarice Lispector a suas irmãs, Berna, 1946.

A barata

Rússia, 1920. Pedro e Marieta Lispector, judeus ucranianos, fogem para a América. Param em Tchetchelnik, vilarejo da Ucrânia onde neva muito, para que sua terceira filha, Clarice, pudesse vir ao mundo. Retomam o caminho em direção a um destino incerto. Hesitam entre os Estados Unidos e o Brasil, fazem escala na Alemanha, onde Pedro Lispector, em vão, procura um trabalho. No colo da mãe, Clarice chega ao Nordeste brasileiro. A família vive em Maceió até 1923, e depois se estabelece em Recife, onde Marieta vem a falecer quando Clarice tem apenas nove anos. Três anos depois, o pai e seu trio feminino se mudam para o Rio de Janeiro.

Clarice Lispector nasce sob o signo da *vagueza* e da culpa. Sua mãe doente acreditava que ficaria curada dando à luz. Concebeu, então, a que ia se chamar Clarice, com fé nessa superstição bastante difundida, embora nunca tenha se livrado de sua doença, até hoje não esclarecida...[1] O fracasso pesa muito sobre os ombros de Clarice:

> [...] fizeram-me para uma missão determinada, e eu falhei. Como se contassem comigo nas trincheiras de uma guerra e eu tivesse desertado. Sei que meus pais me perdoaram eu ter nascido em vão e tê-los traído na grande esperança. Mas eu, eu não me perdoo. (DM, 153)

A irredimível e vasta culpa se torna, às vezes, "fisicamente constrangedora"; é "um punho fechando o peito", uma "cruz pesada, de que não se pode falar" (DM, 312). Certas pessoas, com quem se identifica, "têm vergonha de viver: são os tímidos". "Desculpem, por exemplo, estar tomando lugar no espaço. Desculpem eu ser eu." (DM, 681) Sussurra através da escrita: "Sou erro puro". Murmura: "Morro de medo de comparecer diante de um Juiz". Declara: "Sou inocente [...]" (VE, 31, 33). Exclama, no fim de sua vida, em um de seus últimos manuscritos: "Sou uma culpada inocente" (EPR, 23).

Sentindo-se impotente em aliviar os sofrimentos maternos, também nunca se redimiu da culpa, ainda que tenha rezado e rezado "com fervor e constância" para obter a cura da mãe.[2] Apesar de todos os movimentos de seu coração, sua mãe acaba morrendo. Então, Clarice negará Deus por longos anos. Além do mais, por muito tempo acreditou ter provocado a paralisia da mãe ao nascer. No dia seguinte à morte de Clarice, a *Folha de S.Paulo* dá destaque à seguinte informação: "Teve uma infância pobre, e sua mãe, com o parto, ficou paralítica".[3]

Em um dos primeiros textos de Clarice, escrito aos vinte anos, as divagações de um doente denunciam sua percepção de uma parcela maior de responsabilidade da terceira filha dos Lispector face à morte de sua mãe e ao seu sentimento de culpa:

> Um queixume longínquo vem subindo do corpo da Terra [...] Da Terra rasgada e negra, surgem um a um, leves como o sopro de uma criança adormecida, pequenos seres de luz pura [...] De repente, novo rugido. A Terra está tendo filhos? [...] E a Terra, os braços contraídos de dor, abre-se em novas fendas negras. [...] A Terra continuamente exaurida murcha, murcha em dobras e rugas de carne morta. [...] E a Terra envelhece rápida [...] Um pequeno ser de luz nasce ainda, como um suspiro. E a Terra se some. Seus filhos se assustam... interrompem as melodias e as danças ligeiras [...] A vitória de quem foi? [...] – Mas eu sei! Eu sei: a vitória foi da Terra. Foi a sua vingança, foi a vingança... Todos choram. "Foi a vingança" aproxima-se, aproxima-se, agiganta-se perto de todos os ouvidos até que, enorme, rebenta em raivoso fragor. E no silêncio brusco, o espaço é subitamente cinzento e morto. [...] – A Terra murchou, moça, murchou. Eu nem sabia que dentro dela tinha tanta luz [...] – Depois ela se vingou. Porque os seres criados sentiam-se tão superiores, tão livres que imaginaram poder passar sem ela. Ela sempre se vinga. (BF, 86-89)

A terra mãe ucraniana dá à luz uma primeira filha, uma segunda, uma terceira. Esta última consome sua carne viva. Paralisia da terra. Suas dores, sua presença dilacerada, imóvel, dilacerante, invasora, com seus ferimentos escuros. Porém pequenos seres de luz dançam, frívolos. Então, ela morre. A culpa das frivolazinhas cresce, zumbindo nos tímpanos. A caçula pensa que a terra mãe morre para se vingar? E vence. Clarice admite o vazio causado pela partida da mãe anos mais tarde. "O monstro sagrado morreu. Em seu lugar, nasceu uma menina que era órfã de mãe" (AV, 87); "Ai, coitadinha de mim. Tão sem mãe. É dever ter mãe. É coisa da natureza"

(VE, 19). Sob as divagações de seu primeiro personagem masculino, a jovem Clarice dissimula sua própria febre. Não nos enganemos, ela própria admite: "No fundo, Flaubert tinha razão, quando disse: *'Madame Bovary c'est moi'*. A gente está sempre em primeiro lugar".[4] Além do subterfúgio, ela reinscreve em primeira pessoa, em *Água viva*, a ofensa de seu nascimento:

> A impressão é que estou por nascer e não consigo./ Sou um coração batendo no mundo./ Você que me lê que me ajude a nascer./ [...] Agora as trevas vão se dissipando./ Nasci./ Maravilhoso escândalo: nasço. (AV, 37)

Depois desse nascimento, manifesta-se o fantasma de Clarice que, vindo ao mundo, culpa-se pela falta inconfessável. O fantasma da mãe morta-viva, molusco viscoso e rastejante.

> Minha noite vasta passa-se no primário de uma latência. A mão pousa na terra e escuta quente um coração a pulsar. Vejo a grande lesma branca com seios de mulher: é ente humano? Queimo-a em fogueira inquisitorial. (AV, 39)

A filha que foi impedida de ser mulher em estado latente, mata simbolicamente a mãe de corpo molenga. "Não há crime que não tenhamos cometido em pensamento." Clarice nos lembra essas palavras de Goethe em *Onde estivestes de noite*, escrito na época de *Água viva*. Repete-se o homicídio ao qual assistíamos uns 12 anos antes, em *A paixão segundo G.H.*: a mãe, sob a forma de uma barata, é esmagada contra a porta de um armário pela narradora embriagada pelo desejo de matar. Do corpo da barata, "presa pela cintura" pelo gesto fatal de G.H., jorra uma "matéria grossa, esbranquiçada, lenta"; a barata é atingida pela paralisia que precede a morte: "imobilizada, ela sustentava por cima do flanco empoeirado a carga do próprio corpo" (PSGH, 70). A barata imunda aparece explicitamente como o único meio de nascer. Uma única passagem estreita dava acesso ao quarto: "pela barata".

G.H. reconhece na barata "a identidade de [sua] vida mais profunda", suas próprias raízes que "se remexiam com lentidão insuportável" (PSGH, 64). G.H. vai provar da carne branca do inseto-fêmea, e Clarice beberá o leite da mãe sentada, o corpo cortado ao meio. G.H. experimenta o modelo de feminilidade representado pela barata que ela julgara sempre fêmea, como tudo "o que é esmagado pela cintura" (PSGH, 108). "Mãe e filha" seriam "vida e repugnância"? (LF, 110) Graças ao ritual, ao mesmo tempo repugnante e sedutor, G.H. se funde ao grande todo orgânico, insípido, semeado de lesmas, insetos, raízes, terra ou corpo maternal, plasma, mãe e filha, uma barata e sua matéria. Após o assassinato do inseto, G.H. se pergunta o que tinha matado e dirige esta oração à sua mãe:

> Mãe: matei uma vida, e não há braços que me recebam agora e na hora do nosso deserto, amém. [...] Mãe, eu só fiz querer matar, mas olha só o que quebrei: quebrei um invólucro! Matar também é proibido porque se quebra o invólucro duro, e fica-se com a vida pastosa. De dentro do invólucro está saindo um coração grosso e branco e vivo como pus, mãe, bendita sois entre as baratas, agora e na hora desta tua minha morte, barata e joia. (PSGH, 109)

A mãe é a filha, a barata, o pus e a joia, e Clarice não cessa de reviver dolorosamente seu nascimento. Entre seus últimos fragmentos manuscritos:

> A paralisia pode transformar uma pessoa em coisa? Não, não pode, porque essa coisa pensa. Estou precisando urgentemente de nascer. Está me doendo muito. Mas se eu não saio dessa, sufoco. Quero gritar. Quero gritar para o mundo: Nasci!!! (SV, 101)

A rosa

Parte da história da criança Clarice, paralisada pela mãe paralítica, nos é revelada na sua crônica-leitmotiv: "A menina que era uma rosa". Ela nunca havia participado do Carnaval. Nenhum membro de sua família, preocupado com a mãe doente, pensava em fantasiar a caçula. Permitiam a ela assistir ao divertimento dos outros da soleira da porta. Aos oito anos, a sorte lhe sorri: a mãe de uma amiguinha se dispõe a confeccionar uma fantasia em forma de rosa para Clarice. Quando chega o momento tão esperado de se aprontar para a festa, o estado de saúde da mãe se agrava. É obrigada a correr até a farmácia para comprar um remédio e corre fantasiada de flor entre serpentinas, confetes e gritos carnavalescos. Horas depois, com a situação mais calma, sua irmã a penteia e pinta seu rosto. Mas "alguma coisa tinha morrido" nela (DM, 105): sabia que sua mãe "estava mal". Desce para a rua e lá, em pé – distante no tempo – parecia-se não com uma flor, mas com "um palhaço pensativo de lábios encarnados". Habitada pelo desejo do êxtase, vivia breves momentos de alegria logo apagados. Sua morte é provocada várias vezes ao longo da noite pelo remorso em que se vê mergulhada e que é causado pelo pensamento intermitente no estado de saúde de sua mãe.

Rosa em botão, reclusa, proibida de desabrochar, enfim reconhecida no seu primeiro Carnaval por um belo rapaz. Sorrindo, ele para diante da pequena flor e cobre seus cabelos de confete. A flor cheirosa é também identificada por seu pai que a acha "muito perfumada" (DM, 555). Atinge a "superfície divina" (DM, 674) das rosas, transformando-se, quarenta anos mais tarde, em *Firmamento*: Clóvis Bornay, "um dos maiores, senão o maior carnavalesco de todos os tempos", propondo-lhe uma fantasia, imagina, para ela, uma "túnica de renda negra cravejada de estrelas de brilhantes" (CI, 165); sobre a cabeça, sugere uma lua crescente e, em uma de suas mãos, "uma taça de prata derramando estrelas". Flor campestre e sideral, Lispector se define como uma mulher "simples e um pouquinho sofisticada", um "misto de camponesa e de estrela no céu" (VE, 16).

Para aquela que era uma rosa, uma mãe viva é um talismã; "mesmo doente", a sua servia; "Mesmo paralítica" (OU, 47), pois "mãe é: não morrer" (LE, 209). Porém Clarice a perdoará. "Perdão é um atributo da matéria viva." (PSGH, 76) O caminho suprapessoal do perdão é, no entanto, íngreme, principalmente no caso de uma ofensa sofrida no exato momento em que vai se tornar uma rosa. Embora Clarice tenha esquecido acontecimentos piores que aquele, ocorrido na noite de Carnaval, não consegue aceitar a crueldade do destino nesse caso.

Das mais de trezentas crônicas, "A menina que era uma rosa" é a única que ela publica três vezes em jornais brasileiros.[5] Em sua última versão, o texto, publicado no *Jornal do Brasil* três meses antes de sua morte, toma a forma de um testamento cujos acréscimos se entendem como os últimos suspiros do segredo da infância: "É que eu mesma era tão pouco"; "Eu sabia que minha mãe estava mal". Por três vezes, desvenda a todos, admitindo, confissão sem precedente, a infelicidade de sua infância.

Junto à experiência penosa de revelar o segredo traumático da infância, sente o alívio de se livrar dele, oferecendo-o à leitura, e o prazer de afirmar, uma primeira vez, em 16 de março de 1968: "eu era, sim, uma rosa". Fica feliz em repeti-lo em 1972, na semana de seu aniversário, em 12 de dezembro. Reitera no ano de 1977, em 21 de agosto – mês do aniversário de morte de seu pai –, a dupla proclamação, pelo sim graficamente destacado, acrescentando um adjetivo: "Eu era, sim, uma verdadeira rosa". Epitáfio sobre o túmulo escancarado da infância. Mas Clarice não se equivoca: "Mente-se e cai-se na verdade" (PCS, 15). Se "tudo o que se repete muito termina por aprofundar uma atitude e a dar-lhe espaço" (SV, 85), ela cava o espaço para a rosa pela repetição de caráter às vezes hipnótico: eu era, sim, uma rosa, era, sim, uma rosa, era, sim, uma verdadeira rosa, como a escritora americana Gertrude Stein já nos havia demonstrado: *rose is a rose is a rose is a rose is a rose is a rose is a rose is a rose is a rose is a rose is a rose is a rose...*

Uma verdadeira rosa. Então haveria uma falsa? Uma rosa inventada? Uma rosa carnavalesca? De papel crepom, colocada sobre papel de seda, no lugar de uma verdadeira rosa? Os papéis oficiais da rosa são verdadeiros? "Meu nome não existe. O que existe é um retrato falsificado de um retrato de outro retrato meu. Mas a própria já morreu." (VE, 23) Se confiarmos no testemunho de uma colega de trabalho, Clarice temia ser expulsa do Brasil por acreditar que a viam como estrangeira. A rosa estremece: por um triz, julgaria que a apontam na rua. Em Brasília, símbolo da estranheza, assim se sente: "Como se pudessem me prender ou tirar meus documentos, a minha identidade, a minha veracidade, o meu último hálito íntimo" (VE, 15).

Como morrem as verdadeiras rosas:

> As rosas silvestres têm um mistério dos mais estranhos e delicados: à medida que vão envelhecendo, vão perfumando mais. Quando estão à morte, já amarelando, o perfume fica forte e adocicado e lembra as perfumadas noites de lua de Recife. (DM, 142)

É assim que ela deseja morrer: "perfumando de amor" a atmosfera. "Morta e exalando a alma viva." Não havia nenhuma flor no enterro de Clarice, exceto sua alma viva: "Esta religião dela, eu nunca entendi bem. Sem velório, sem flores, sem coroa. Eu queria levar flores para Clarice. Ela sempre gostou de flores silvestres".[6] A tradição judaica surpreende a enfermeira que vivia com ela desde o acidente ocorrido no incêndio de seu apartamento, em 1966. Em homenagem póstuma a Clarice, enfeita o apartamento com flores do campo.

O segredo: sua *natura florum*. Uma das acepções de *rosa* no Brasil significa "mulher muito bonita". Clarice o era. Confessa preferir uma bela foto sua no jornal aos elogios da crítica. Por ocasião de sua estadia na Itália, pouco tempo depois da Segunda Guerra Mundial, é durante um passeio pelas ruas de Nápoles com o marido, que ouve um transeunte dizer a outro, mostrando-a: "É com mulheres como esta que contamos para reconstruir a Itália" (DM, 103). Assim, nessa crônica que precede, justamente, a revelação do segredo de infância, Clarice nos revela "o maior elogio" que julga já ter recebido. Acrescenta à fala do italiano uma prece e o seguinte comentário enigmático:

> Deus, fazei-me reconstruir pelo menos uma flor. Nem mesmo uma orquídea, uma flor que se apanha no campo. Sim, mas tenho um segredo: preciso reconstruir com uma urgência das mais urgentes, hoje mesmo, agora mesmo, neste instante. Não posso dizer o que é.

Irrita-se com o fato de tantas pessoas a acharem simpática. Compartilha, com aqueles a quem desagrada, uma "profunda antipatia" por si mesma. Dura verdade que nos transmite também uma semana antes de fazer desabrochar o segredo da menina que era uma flor: última fronteira ao ódio a si mesma, que se reverte, segundo a lei dos contrários, em simpatia pela rosa, essência de sua pessoa. "Reconstrução" da rosa e de sua roupa pela abelha fora da colmeia. Após ter a visão de uma rosa e de sua luz, depois de imaginar que "aquela flor era a alma de alguém que acabara de morrer", prossegue na sua crônica intitulada "Flor mal-assombrada e viva demais":

> E a flor estava tão vibrante como se houvesse uma abelha perigosa rondando – uma abelha gelada de pavor? – não – melhor dizer que a abelha e a flor emocionadas se encontravam, vida com vida, vida a favor da vida [...] a abelha era eu [...] não entendo que se possa ter medo de uma rosa – pois a

flor era uma rosa [...] as flores e as abelhas já me chamam [...] é o encontro meu com meu destino esse encontro temerário com a flor. (DM, 656)

Clarice não compreende, mas Ângela sim: "Tenho medo de rosas vivas porque elas são tão frágeis e frajolas e porque amarelecem" (SV, 117). A rosa é a abelha é a rosa é Clarice Lispector.

A abelha

Laboriosamente, livros são escritos no exterior. Uma criança apreende a intensidade do zumbido: "Clarice, eu sei interpretar a escritora que você é. Você é uma abelhinha esvoaçante no jardim. Cada porção de pólen que você carrega são belas ideias de outros países, e o pólen que você leva para outro lugar, belas histórias que você escreve".[7]

De 1944, ano da publicação de sua primeira obra, *Perto do coração selvagem*, e do começo de seu exílio, até 1959, data de retorno definitivo ao Rio, vive pelo mundo e produz cinco livros. Ao acompanhar o marido diplomata em seus longos deslocamentos, a abelha não para de recolher o pólen.

Em uma de suas cadernetas inéditas, encontramos notas para seu segundo romance, *O lustre*, a partir de 1944, ano em que mora seis meses em Belém do Pará. Em seguida, depois de passar pelo Senegal, pela África do Norte e por Portugal, instala-se na Itália durante quase dois anos (de agosto de 1944 a abril de 1946), período em que termina *O lustre* (1946). Ouve, então, a língua italiana.

De 1946 a 1949, mora em Berna e escreve seu terceiro romance, *A cidade sitiada* (1949), e seis contos reunidos mais tarde em *Alguns contos* (1952). Ouve, na Suíça, as línguas alemã e francesa. Suas conversas com a empregada francófona da casa lhe permitem praticar o francês iniciado na escola; além disso, havia adquirido um bom conhecimento da língua por meio de leituras pessoais.

Depois de uma curta estadia no Brasil, passa seis meses em Torquay, na Inglaterra (1950-51). Dessa época, datam as primeiras notas de seu quarto romance, *A maçã no escuro* (1961). Segue a esse período uma estadia prolongada de seis anos e meio em Washington (1952-59). Conclui lá, em 1956, esse longo romance iniciado na Inglaterra e redige contos que, mais tarde, são reunidos sob o título *Laços de família* (1960). Ouve, então, o inglês, tanto o da Inglaterra como o da América do Norte.

Nos Estados Unidos, escreve seu primeiro livro para crianças a pedido do filho caçula. Composto inicialmente em inglês, para que a empregada pudesse lê-lo ao menino nascido em Washington, em 1953, o conto será traduzido para o português quando a publicação se viabiliza.[8]

Exilada em Washington, Clarice cria o personagem Martim, com quem se identifica. O anti-herói de *A maçã no escuro* foge para o campo depois de tentar matar sua mulher. Empresta-lhe as seguintes palavras no momento de sua prisão por tentativa de assassinato: "Afinal sou brasileiro, que diabo!" (ME, 246) Mas não fica realmente convencido: "Há um lugar onde, antes da ordem e antes do nome, eu sou! e quem sabe se esse é o verdadeiro lugar-comum que saí para encontrar? Esse lugar que é nossa terra comum e solitária [...]". Assim como seu personagem, esforça-se na adaptação ao que é alheio a ela. Mais tarde, de volta ao Brasil, conscientiza-se de que está fundamentalmente "desadaptada". (DM, 45)

Em Washington, nas vésperas das férias no Brasil ou de seu retorno definitivo ao Rio, anota em sua caderneta um "pensamento consciente" que a perpassa pouco antes de mergulhar no sono: "Estou voltando para o lugar de onde vim. O ideal seria ir para a cidadezinha da Rússia e nascer de novo com outra base". Depois, registra os elementos do sonho daquela noite: "Lugar de *public meeting*,* pessoa (homem) importante político julgava, eu ia ou não ser eleita (acho que para ir à Rússia ou não). O público sentava-se em círculo – e no meio, no vazio do tablado, a mesa, junto da qual o homem muito severo de quem eu tinha medo. Eu era chamada, e procurava agir de modo mais acertado, em gestos e palavras. Ele me acusava em público. E afinal dizia que eu não podia ir porque na Rússia só admitiam mulheres femininas – e eu não era". Jamais tocará o solo russo. Opta por não experimentar. Durante uma estadia na Polônia, oferecem-lhe a possibilidade de ir à Rússia, mas ela recusa:

> Mas não quis. Naquela terra eu literalmente nunca pisei: fui carregada de colo. Mas lembro de uma noite, na Polônia, na casa de um dos secretários da Embaixada, em que fui sozinha ao terraço: uma grande floresta negra apontava-me emocionalmente o caminho da Ucrânia. Senti o apelo. A Rússia me tinha também. Mas pertenço ao Brasil. (DM, 551)

Seu filho, Paulo Gurgel Valente, é categórico: afirma ao jornalista da *Manchete*, a quem dá uma entrevista após a morte de sua mãe, que ela nunca havia manifestado o desejo de visitar seu país de origem, apesar de que "gostava muito de conversar sobre a Ucrânia" e "curtia a ideia dos seus antepassados russos". A mãe morta teria fechado para sempre a porta do continente sombrio, apesar do apelo da floresta escura? A terra materna perdida e proibida: o risco do retorno seria perigoso demais? A personagem feminina de *A paixão segundo G.H.* dá o testemunho desse conflito: "A identidade me é proibida, eu sei" (PSGH, 117).

O homem de seu sonho havia precisado que ela não podia ir para a Rússia por não possuir um comportamento feminino. Eis a sequência do sonho: "[Ele dizia] que eu não notara dois gestos meus, e o que eles

* Em inglês no fragmento.

simbolizavam. 1º eu acendera meu próprio cigarro, mas uma mulher fica esperando com o cigarro até que o homem acenda. 2º eu mesma tinha aproximado a cadeira da mesa, quando deveria esperar que ele fizesse isso para mim".

Apesar de visões noturnas implacáveis, prefere se contentar com os grandes sonhos: "É que às vezes não se tem mesmo mais nada e só restam os brandos e profundos sonhos que mais parecem uma prece" (CI, 207). Sonha e devaneia sempre, a qualquer hora do dia, mas acredita que isso talvez seja um acontecimento "anômalo". Pergunta a um psicanalista se é "errado" se deixar levar pelo sonho ou sonhar acordada. Ele responde, para seu grande alívio, que "a vida seria insuportável sem o sonho". Sente-se, então, livre para sonhar, sem se autocensurar. Abelha, recolherá o mel dos sonhos assim como as palavras da linguagem.

Lágrimas de anjo

Desde sua infância com-sem mãe, Clarice Lispector sonha acordada com as palavras. Joana, de *Perto do coração selvagem*, confia a seu amante que, quando pequena, gostava de brincar com as palavras durante tardes inteiras. Satisfazia seu desejo de ouvi-la repetir o significado do termo *Lalande* que inventara:

> É como lágrimas de anjo. Sabe o que é lágrimas de anjo? Uma espécie de narcisinho, qualquer brisa inclina ele de um lado para outro. Lalande é também mar de madrugada, quando nenhum olhar ainda viu a praia, quando o sol nasceu. Toda a vez que eu disser: Lalande, deve andar ao longo da praia ainda escurecida, devagar, nu. Em breve você sentirá Lalande... (PC, 162)

Retornemos em sonho às origens, já que o pensamento é um ato. Caminhemos com Joana, imaginemos uma flor agitada pela brisa, lágrimas vertidas por um "pequeno ser de luz pura", o mar antes da chegada do sol, a terra sombria. Do narciso à rosa, há somente um passo? Da mãe ao mar e à terra, há um passo que se transpõe mais ou menos depressa. Lalande: a terra-mãe desconhecida, sentida e reconhecida, uma ligação sensual com a mãe Lalande autorizada na língua. Lalande, palavra estrangeira, na língua do outro, antes manifestada que inventada, já que "tudo o que poderia existir, já existe" (PC, 115).

Revelar é só o que fazemos. Lalande é "terra" em várias línguas: *land* em alemão e inglês, *lande* em francês, onde só crescem certas plantas selvagens e *dos land*, o país, assim nomeado na própria língua materna de Clarice, o iídiche. Não esquecer que é o iídiche que se fala em casa até a morte de sua mãe. Clarice ouvia, sim, o iídiche, apesar de não falar.

Lalande é terra e "mar de madrugada", mãe líquida – escorrem os L na palavra –, mar originário salgado e, por que não, lágrimas de anjo. Lalande é o Todo, terra e mar, mãe e pai – o pai de Clarice desempenhou também o papel de mãe para suas filhas após a morte da esposa. Lalande contém mar e mundo, confunde som e sentido, feminino e masculino, próprio e figurado, a língua e as línguas. Palavra mágica de Clarice, abracadabra de Joana: pronuncia-se Lalande e, num passe de mágica, perambula-se pela praia antes do amanhecer. Costear o mar ou o desejo nostálgico e pungente de fusão com o corpo da mãe; desejo esse que se encontra metaforizado, em *Perto do coração selvagem*, manifestando-se abertamente depois em uma língua diferente. Assim, em um fragmento contido numa caderneta íntima quase exclusivamente em inglês – com exceção de três frases em português –, pode se ler o seguinte:

> Pensamentos que me ocorreram e causaram angústia *I want somebody to hold my hand* – (Papai, na hora em que eu tinha dor, me ajudava assim, a aguentar dor) – *I don't want to be a single body. I'm cut out from the rest of me – The rest of me is my mother! It is another body. To have a single body, surrounded by isolation, it makes such a limited body! I feel anxiety, I'm afraid to be just one body.* Bolinhas de mercúrio no termômetro quebrado – *My fear and anxiety is of being one body.**

Mother's body! A confissão aconteceu primeiro em inglês: as proibições somem na língua estrangeira. Será simbolizada depois na língua portuguesa. A necessidade de se unir ao corpo da mãe se torna mercurial. A fruição da simbiose se produz na casa de Clarice quando um termômetro se quebra, liberando uma gota de mercúrio no chão.

> Que impossibilidade de capturar a gota sensível! Ela simplesmente não deixa e guarda a sua integridade, mesmo quando repartida em inúmeras bolinhas esparsas: mas cada bolinha é um ser à parte, íntegro, separado. Basta, porém, que eu avance ligeiramente uma delas e ela é atraída velozmente pela que está próxima e forma um conjunto mais cheio, mais redondo. (DM, 675)

Clarice reconhece sua natureza mercurial:

> E se sou líquida como é líquido o informe, antes sou gotas de mercúrio do termômetro quebrado – líquido metal que se faz círculo cheio de si e igual a si mesmo no centro e na superfície, prata que tomba e não derrama, liquidez sem umidade. (EPR, 12)

Do metal prateado, passando pelo planeta Mercúrio – o que está mais próximo do Sol e que gira em torno dele em maior velocidade –, figura do deus romano, princípio das trocas, da fusão. Processo mercurial de ligação dos corpos entre si, corpos de mãe e filha, de filha e terra. O fragmento seguinte sucede a revelação em inglês extraída do diário de Lispector cujos antepassados ucranianos eram agricultores: "Ela que era urbanizada e in-

---

* "Quero alguém para segurar minha mão. [...] Não quero ser um corpo sozinho, estou separada do resto de mim. – O resto de mim é a minha mãe! É outro corpo. Ter um corpo sozinho, cercado pelo isolamento, o corpo fica tão limitado. Fico ansiosa, tenho medo de ser um corpo só. [...] Meu medo e minha ansiedade é por estar sendo um corpo sozinho."

dustrializada, mas havia vindo de longe uma herança agrária. Não, não, eu não quero ser eu só porque tenho eu próprio. Eu quero é a ligação extrema entre a terra do Brasil e eu.".

A ocorrência reaparece uns dez anos depois, em seu sexto romance, *Uma aprendizagem ou O livro dos prazeres* (1969). Lóri deseja ser possuída por Ulisses "sem ligar-se a ele, como fizera com os outros", mas teme que seja difícil demais para ela:

> Era agora uma mulher de grande cidade, mas o perigo é que também havia uma forte herança agrária vinda de longe no seu sangue. E sabia que essa herança poderia fazer com que de repente ela quisesse mais, dizendo-se: não, eu não quero ser eu somente, por ter um eu próprio, quero é a ligação extrema entre mim e a terra friável e perfumada. O que chamava de terra já se tornara o sinônimo de Ulisses, tanto ela queria a terra de seus antepassados. (ALP, 43)

Há conversão, o tempo tendo ajudado aí a consciência, da "terra do Brasil" em "terra friável e perfumada" dos antepassados, país natal não mencionado, terra seca e odorante da Ucrânia, cultivada pelo avô de Clarice. O desejo de pertencer é tão forte que incumbe também ao homem ser terra de acolhida na falta dos pais legítimos falecidos, mas "não tão mortos assim" (ME, 241). Do pai protetor ao homem-refúgio: "Tenho alma virgem e, portanto, preciso de proteção. Quem me ajuda? [...] Preciso de um pai. Quem se candidata? Não, não preciso de pai, preciso do meu igual" (VE, 23).

Uma outra lágrima do anjo de alma virgem impregna sua caderneta íntima salpicada de suspiros em inglês:

> "*I'm afraid to loose* [sic] *"protection" – what kind of protection? What is the idea I make of having protection, of being protected? It is to have everything, and not to have the anxiety of the duty to give something in return? Protection of presence. Enough protection, so I'm able not to be afraid of going and be free because I know I have where to return.*"*

Clarice necessita da presença e precisa pertencer: "Tenho certeza de que no berço a minha primeira vontade foi a de pertencer. Por motivos que aqui

---

* "Tenho medo de perder 'proteção' – que tipo de proteção? Que ideia eu faço de ter proteção, estar protegida? É ter tudo e não ter a ansiedade do dever de dar algo em retorno? Proteção da presença. Proteção suficiente que me permite não temer ir e que me permite ter liberdade, porque sei que tenho para onde retornar."

não importam, eu, de algum modo, devia estar sentindo que não pertencia a nada e a ninguém. Nasci de graça" (DM, 151).

Essa sede a acompanha "como se fosse um destino". A ponto de seu "coração se contrair de inveja e desejo" ao avistar uma religiosa porque ela pertence a alguém: a Deus. Por outro lado, estima-se feliz por pertencer a seu país, o Brasil, "como milhões de outras pessoas", "ao ponto de ser brasileira" (DM, 152). A dúvida a assalta apesar de sua profissão de fé. Escutemos Ângela, sua última personagem feminina: "Eu e meu cachorro Ulisses somos vira-latas" (SV, 58). Clarice possuía realmente um cachorro que chamou de Ulisses Lispector e com quem se identificava: "Eu sou o meu cachorro. Eu me chamo Ulisses. Estamos ambos cansados. Tão, tão cansados. Ai de mim, ai de nós" (VE, 24). Não tolera quando não acreditam que é brasileira e considera uma "bobagem" o fato de a considerarem uma estrangeira.[9]

Observa um silêncio quase total sobre sua origem hebraica de que muitos só tomaram conhecimento após sua morte. Poucos sabem que na casa da família Lispector, antes do falecimento da mãe, cumpriam-se os rituais judaicos. Clarice não sente pertencer "a nada e a ninguém", nem à sua mãe nem a seu pai, e se desvia da língua materna para adotar o português brasileiro. Se "adestra" desde os sete anos de idade para um dia ter a língua portuguesa em seu poder (DM, 135). Afirma, em uma entrevista: a razão profunda pela qual tomou a via da escrita surgiu quando tinha "um pouco menos de sete anos", época em que aprendera a escrever.[10] Ouve-se esse motivo especial na boca do personagem Autor, de *Um sopro de vida*, que confessa escrever "para fazer existir e para existir-[s]e" (SV, 94); perde-se "entre as vidas e [sua] vida", e não chega a se unir a sua própria existência. "Imigrante que se enraizou em terra nova" (DM, 200), Clarice não chega a endossar suas origens? É G.H. quem diz: "Falta muito mais a esse meu relato a mim mesma; falta, por exemplo, pai e mãe; ainda não tive a coragem de honrá-los [...]" (PSGH, 191). Homenageia as línguas, mas jamais a de seus genitores, que ela cala até mesmo em sua ficção póstuma:

> Eu escondo de mim o meu fracasso. Desisto. E tristemente coleciono frases de amor. Em português é "eu te amo". Em francês – "*je t'aime*". Em inglês – "*I love you*". Em italiano – "*io t'amo*". Em espanhol – "*yo te quiero*". Em alemão – "*Ich liebe disch* [sic]", está certo? Logo eu, a mal-amada. A grande decepcionada, a que cada noite experimenta a doçura da morte. Eu me sinto uma charlatã. Por quê? É como se minha última veracidade eu não revelasse. (SV, 67)

Verdade última ou primeira verdade oculta, o iídiche, a língua errante entre as outras línguas. Quando lhe perguntam se falava russo em casa, responde negativamente, sua "primeira língua" tendo sido, dizia ela, o português:[11] "Nunca que eu tenha ouvido, porque meu pai logo começou a falar português".[12] A língua materna do pai jaz nas entrelinhas.

A estrangeira

Há uma língua sob sete chaves. Que língua? O iídiche materno e, por contaminação, o português brasileiro. Quando presumem que é em razão do sotaque que a tomam por estrangeira, ela alega um problema de dicção. Segue o que diz no início da entrevista em áudio dada, um ano antes de sua morte, ao Museu da Imagem e do Som (MIS), no Rio de Janeiro, em 1976:

> Por causa do [R]! meu [R]! pensam que é sotaque, mas não é! É língua presa! *Aurora*! É língua presa. Podiam cortar, mas é... diz que é muito difícil de... É lugar sempre úmido... então dificilmente cicatriza.

Ninguém se entende quando o assunto é o sotaque de Clarice. É certo que ela tinha uma modulação própria da gente do Nordeste, onde cresceu. Será que sua maneira de pronunciar o [R] manifesta realmente um problema de dicção? Segundo a afirmação de um amigo médico, esta presumida língua presa seria "facílimo de corrigir", mas ela sabe de antemão que não teria coragem para fazer os exercícios exigidos. Sua forma de articular o [R] seria, talvez, uma influência do francês, como os francófonos que não conseguem pronunciar o [R] brando das línguas portuguesa e espanhola? É a hipótese de sua irmã, Elisa Lispector, e de muitas outras pessoas no Brasil. Seus [R] guturais, "estilo francês", não lhe "fazem mal algum", precisa Clarice. No Brasil, de fato, dão "um ar de estrangeira" e aumentam seu charme, acrescentam à sua personalidade um toque de exotismo europeu (DM, 499). E se fosse um sotaque judeu?

Esconde sob sua língua presa um conflito psíquico convertido em sintoma físico. Já que não assume a língua de sua mãe, encarrega-se parcialmente de sua paralisia. A língua iídiche semeia a desordem na sua língua falada mais secretamente, pois o [R] francês nos conduz a uma falsa pista. A linguagem do corpo materno ressoa na boca da filha. Seu "defeito" se estende à expressão oral quando nos aproximamos de seus pontos de conflito, como aconteceu no fragmento da entrevista supracitada, em que ela comenta seu suposto sotaque. Sua fala se torna hesitante; suas frases, incompletas, confusas e quase contraditórias. "Mas o que é que não é contraditório?" (VE, 16)

Sotaque iídiche ou problema de pronúncia, sua língua é vibrante na base. Enrola o [R] tanto no sentido próprio como no figurado. Uma tropa de [ERRES] duros se precipita no coração de uma frase reveladora: "Tentativa de sensibilizar a língua para que ela trema e estremeça e meu terremoto abra fendas assustadoras nessa língua livre – mas eu preso e em processo de que não tomo consciência e ele segue sem mim" (SV, 87). Deseja abalar as bases dessa língua livre. Declara seu amor pelo português do Brasil, língua em evolução. Não a considera fácil, nem "maleável", nem muito matizada. Essa língua que não foi, como ela assinala, "profundamente trabalhada pelo pensamento" dá às vezes "verdadeiro pontapé" naqueles que se empenham em exprimir os sentimentos e suas sutilezas. Lispector quer domar a língua portuguesa, que representa um "desafio" para todos aqueles que escrevem, "tirando das coisas e das pessoas a primeira capa de superficialismo":

> Às vezes ela reage diante de um pensamento mais complicado. Às vezes, assusta-se com o imprevisível de uma frase. Eu gosto de manejá-la – como gostava de estar montada num cavalo e guiá-lo pelas rédeas, às vezes lentamente, às vezes a galope. Eu queria que a língua portuguesa chegasse ao máximo nas minhas mãos. (DM, 134)

Em alguns momentos, menciona sua dificuldade em escrever em português brasileiro, como se, enquanto imigrante, lutasse para dominar uma segunda língua. Sua ligação tensa com a língua portuguesa do Brasil recalcitrante reflete sua relação cotidiana com a mãe doente, não flexível e, num grau menor, com sua família. Lê-se, com surpresa, esse fragmento inédito, escrito numa terceira língua, fora do conflito iídiche/português:

> *The question is: if I become completely still, would the next moment ever come? The answer is: "no it wouldn't come, I have to make it"; translated: if I don't go to the person, would ever the person come to me? The answer: "No, if I don't go to the person to make with her my next moment, nobody will come to me." Even more translated in term [sic] of the past: "nobody at home came to me, I had to ask and beg and caress, and give warmth till the person would give me some attention". Tania said: "Till you were about 10, I was not very aware of you, suddenly I became aware how interesting you were". I suppose she really meant: I become [sic] aware how much you needed me. I don't know what to do when the person comes to me; I'm the one to go to the person. To be selected is disturbing. I have to ask, I have to select.**

---

* "A questão é: se eu ficasse completamente imóvel, viria o próximo momento? A resposta é: 'não, não viria, eu é que tenho de fazer'; traduzindo: se eu não for até o outro, o outro viria até mim? A resposta: 'Não, se eu não for até a outra pessoa para ter meu próximo momento com ela, ninguém virá até mim'. Mais ainda, traduzindo para o meu passado: 'ninguém em

É forçada a ir tanto para a mãe imóvel como para a língua do outro. Por necessidade, vai e luta para não morrer. Corpo a corpo, com a mãe ou a língua, pela vida. Se o amor é sua precisão, o combate é o seu fato, o fardo furioso atribuído por ela a todo mundo, pois "todos nós sofremos de neurose de guerra" (VC, 65). Estaríamos todos às voltas com o ardor das gotas de mercúrio, com a atração pela fusão. Clarice cresce na obrigação de andar em direção ao outro para receber: "Ninguém em casa vinha até mim, eu tinha que pedir e implorar, dar carinho e calor até que o outro me desse alguma atenção". Outra confissão inédita nos desvenda isso: "A única coisa firme e boa na vida é estar +/– contra todo o mundo e só ser de e com alguns. O que não exclui amizades, humanidade, piedade etc". Aprende a arte de ir *para-contra*, num misto de amor e ódio pela mãe língua ou por pessoas eleitas.

Amor e ódio para com a mãe língua: "Eu te amo, oh, extrósima! Oh, palavra que inventei e que não sei o que quer dizer. Oh, furúnculo! Pus cristalizado, mas de quem?" (VE, 19) Repulsa e fascinação para com a escrita: se o narrador de *A hora da estrela* expressa seu nojo entre parênteses – "(Quanto a escrever, mais vale um cachorro vivo.)" (HE, 43) –, a Joana de *Perto do coração selvagem* acaricia amorosamente as palavras. Murmura para o amante, voltando-se para ele: "Amêndoa"; palavra "pronunciada com cuidado, a voz na garganta, ressoando nas profundezas da boca". O termo "vibra", deixando Joana "longa e estirada e curva como um arco" (PCS, 159).

Volta-se para ele e chama: *amêndoa* e Lalande e lágrimas de anjo... A suavidade de *amêndoa* como um pedido de amor. Em sua língua, a palavra se inicia como uma prece. Amém. O "sim" sagrado hebreu, francês ou português. A amêndoa simboliza o sexo da mulher. O sagrado se funde com o profano: "Amêndoa amarga, venenosa e pura. As três graças amargas, venenosas e puras" (PCS, 159). Estamos no espaço do feminino, das meninas da mãe, três graças amargas, Clarice, Elisa, Tania... "Pequenos seres de luz pura", sem mãe, elas viviam na amargura.

De que abismo, de que garganta, Clarice chamava sua mãe judia que a ela não vinha? *Máme* iídiche ou mamãe brasileira? No interior, na casa,

---

casa vinha até mim, eu tinha que pedir e implorar, dar carinho e calor até que o outro me desse alguma atenção'. Tania me disse: 'Até seus dez anos, eu não me dava muito conta da sua existência, de repente percebi o quanto você era interessante'. Suponho o que ela realmente queria dizer: me dei conta do quanto você precisava de mim. Não sei o que fazer quando alguém vem até mim; eu sou dessas que vão até a pessoa. Ser acolhido é perturbador. Tenho que pedir, tenho que escolher."

Clarice grita: *máme!* Fora de casa, em solo brasileiro, aprende que mamãe é a palavra em português que carrega sua mãe judia: *máme* ou mamãe? Por trás de que vocábulo, sob que língua, a mãe está mascarada? Franz Kafka traduz, com maestria, esse exílio cotidiano em seu diário:

> Ontem me ocorreu que eu nem sempre amei a mãe assim, só porque a língua alemã me impediu isso. A mãe judia (*judische Mutter*) não é uma "mãe" (*Mutter*), a designação mãe a torna um pouco estranha (não para si mesma, já que estamos na Alemanha); nós damos a uma mulher judia o nome Mãe alemã (*deutsche Mutter*), mas esquecemos a contradição que adentra mais pesadamente no sentimento, "mãe" ("*Mutter*") é especialmente alemão para um judeu, e (a palavra), ao lado do fulgor cristão, também contém inconscientemente a frieza cristã, a mulher judia chamada de mãe (*Mutter*) se torna, portanto, não só estranha, mas também alheia. Mamãe (*manhe, mainhas*) (*Mama*) seria um nome melhor, desde que não se imaginasse "mãe" (*Mutter*) por trás dele.[13]

A relação iídiche/português não foi tão estigmatizada quanto a relação iídiche/alemão, então, é no desdobramento da palavra *mãe* que nos detemos. Talvez Clarice não chamasse essa mãe estrangeira. Interpelou-a num texto de canção, escrito aos nove anos, perdido e destruído, intitulado "Lamento", que ela compõe no ano da morte de sua mãe.[14] Ao pé do muro das lamentações, toma a via do silêncio, *mãe* permanecendo sob a língua e pesando em todas as línguas até que, por intermédio de G.H., lança um apelo à mãe, para depois reconhecer: "Como se ter dito a palavra 'mãe' tivesse libertado em mim mesma uma parte grossa e branca [...]" (PSGH, 110). Ângela contribui, ainda que tardiamente, para essa libertação: "Mas alguém me ouve? Então eu grito alto: mamãe, e sou filha e sou mãe. E tenho em mim o vírus de cruel violência e dulcíssimo amor" (SV, 95). Esta *máme*-mamãe, barata e joia de G.H., pus e cristal, pedra sobre o caminho de Clarice.

A Lispectorovna

Se fica feliz com a palavra inventada, Clarice Lispector se deleita mais ainda com a voz, antes que o sentido se apósse dela para formar um significado. Forja poucas palavras novas. Bastam-lhe as já existentes. Deixa-se embalar pelos vestígios de palavras ouvidas na infância, enterrados, tornados ininteligíveis e amados para sempre. Ângela deseja escrever frases que, no limiar do sentido, "soam como palavras amorosas". Pouco importa ser ou não compreendida. Interessa-se pelo "impacto das sílabas ofuscantes" (SV, 92).

Volúpia da voz antes de qualquer apreensão. Sílabas sonoras, sinônimos de prazer, derramadas sobre o papel por Ângela, que gostaria de escrever um romance cujo objeto ou título seria "É como Tentar Lembrar-se. E não Conseguir" (SV, 93). Deformada, uma língua ao mesmo tempo familiar e estrangeira emerge, recriada com a ajuda de uma memória enfraquecida:

> Aconteceu o inesperado. Na noite passada, o grupo de Eduardo e Ângela estava bebendo *whisky* e falando coisas altas demais para Ângela. Chegou um momento em que, no auge da incompreensão, ela própria não se compreendeu e – teve um acesso de loucura. Tirou a roupa toda, menos a calcinha, e pôs-se a insultar os presentes. Estes ficaram estupefatos. Eles não sabiam que um acesso de loucura é às vezes a única saída do erro contínuo e a única saída quando se tem medo da morte. Eduardo internou-a no Pinel e logo ela ficou calma! Eis o que ela escreveu: Ângela – *Batuba jantiram lecoli? Adapiu quereba sulutria kalusia*. Tenho prazer em falar assim: é uma linguagem que parece um orgasmo. Já que não entendo, entrego-me: *tilibica samvico esfolerico mazuba!*[15]

Mazurca de palavras, chuva de sílabas incoerentes, emersão tardia das ruínas de um continente submerso, enfiada de fenômenos desordenados, insólita em Lispector. O elemento água, desnaturado em *whisky*, e uma situação em que as pessoas se expressam numa linguagem indecifrável para Ângela, a nudez louca dela e o contexto contribuem para a volta às origens perdidas, a um ritmo de vida pré-racional. Fluem, respiram e se fecundam sílabas insanas.

> Eu sei falar uma língua que só o meu cachorro, o prezado Ulisses, meu caro senhor, entende. É assim: *dacoleba, tutiban, ziticoba, letuban. Joju leba, leba jan? Tutiban leba, lebajan. Atotoquina, zefiram. Jetobabe? Jetoban.* Isso quer dizer uma coisa que nem o imperador da China entenderia. (SV, 58)

Convoca aí o longínquo e o instinto, a China e o cachorro, a infância distante e instintiva, numerosos *ba* balbuciados. A "voz de terra" de uma desconhecida seduz a Joana de *Perto do coração selvagem*, uma voz "macia e longínqua como se tivesse percorrido longos caminhos sob o solo até chegar a sua garganta" (PCS, 68). Sente-se humilhada por essa mulher de "corpo largo e quieto" que, indiferente, desiste da oferta de Joana para lhe fazer visitas ocasionais com a intenção inconfessada de ouvir sua voz. O fantasma de uma mãe que não se move ronda as paragens...

A escuta inesperada desse "tom de voz desconhecida" talvez mexa com Joana e libere nela

> [...] palavras nascidas naquele instante, nunca antes ouvidas por alguém, ainda tenras da criação – brotos novos e frágeis. Eram menos que palavras, apenas sílabas soltas, sem sentido, mornas... que fluíam e se entrecruzavam, fecundavam-se, renasciam num só ser para desmembrarem-se em seguida, respirando, respirando... (PCS, 130)

Essas palavras de antes da linguagem, que não nos foram desvendadas, talvez reveladas por Ângela trinta anos depois.

Clarice conta que, depois de ter passado uma péssima noite em um trem italiano em companhia de uma suíça "que só falava suíço", e de ter bebido uma xícara de um café qualquer, experimentou a sensação de "descobrir a terra" (DM, 253). De novo, uma substância líquida, o café – o *whisky* de Ângela –, e uma língua incompreendida, o suíço – sílabas estranhas de Joana e de Ângela. O encontro de Joana com a "mulher da voz" poderia se assemelhar ao de Clarice com a senhora da voz desconhecida, que aconteceu em terra estrangeira e em circunstâncias favoráveis a nos lembrar que "nós estamos perpetuamente sobre o que vive". "A doçura da terra italiana" evoca inopinadamente a terra estrangeira materna. Na sua intensa vontade de pertencer, Clarice nos afiança que, de uma certa maneira, "tudo é feito de terra", inclusive seu espírito "tecido pela terra mais fina".

Basta uma voz estrangeira num trem italiano ou uma canção da ex-Tchecoslováquia. Lóri, personagem feminina de *Uma aprendizagem ou O livro dos prazeres*, copia, para Ulisses, a letra de uma canção tcheca intitulada "Voz longínqua". Refletem em espelho o enigma de Clarice dissimulada em Lóri. "Baixa e longínqua/ É a voz que ouço. De onde vem,/ Fraca e vaga?/ Aprisiona-me nas palavras,/ Custa-me entender/ As coisas pelas quais pergunta/ Não sei e não sei/ Como responder-lhe-ei [...]" (ALP, 130).

Lóri pede a Ulisses, esse homem que é sinônimo da terra a seus olhos, para lhe pronunciar o nome do letrista, "que a encantava com sua estranheza". Ela se dá prazer escutando a voz do homem-terra dizer "com facilidade" – como se fosse uma língua materna – "Zdenek Rytir". Escutar sílabas estrangeiras tranquiliza subitamente Lóri. É o relaxamento consecutivo que Ângela também sentiu depois de haver pronunciado as palavras enigmáticas? Será o mesmo gozo do corpo arcado pelo prazer da narradora de *Água viva*, que tenta escrever palavras úmidas e sonoras: "Dinossauros, ictiossauros e plessiossauros" (AV, 13). É o de Clarice que saboreia os nomes de consonância estrangeira: "Mas os nomes dos dançarinos são doces e maduros, fazem bem à boca. Mrinalini, Usha, Anirudda, Arjuna. Suavidades um pouco acres, estranhamente reconhecíveis: já comi ou não comi dessas frutas? Só se foi enquanto eu, Eva, entediada, experimentava das árvores" (LE, 219). Teria provado do fruto proibido, deliciando-se com a palavra-fruta, do prazer da identidade, da unidade que ela sente ter perdido hoje. G.H. comeu do fruto proibido sabendo que a identidade é, às vezes, perigosa "por causa do intenso prazer que se tornasse apenas prazer" (PSGH, 172). Clarice degusta seu nome em outra língua. Lispectorovna, pronuncia rindo, na ocasião da longa entrevista concedida ao MIS. Além da satisfação em ver seu nome em língua estrangeira na capa de uma tradução tcheca de *Perto do coração selvagem,* sente a alegria de ser reconhecida em um país da Europa do Leste. A ex-Tchecoslováquia não está tão longe de Tchetchelnik... Se é mais agradável para ela ler somente as traduções de seus textos em línguas desconhecidas, é porque sente talvez o prazer cru de não entender certas coisas:

> Entender é sempre limitado. Mas não entender pode não ter fronteiras. Sinto que sou muito mais completa quando não entendo. Não entender, do modo como falo, é um dom. O bom é ser inteligente e não entender. É uma bênção estranha, como ter loucura sem ser doida. (DM, 253)

Não entender como uma estrangeira em terra desconhecida que não decifra a língua do país, ou como um recém-nascido que ouve a voz de sua mãe, mas não sabe ainda decodificar sua linguagem?

O lírio

Lispector. No Brasil, esse é um sobrenome singular. Desde a publicação de *Perto do coração selvagem,* o crítico Sérgio Milliet o julga "estranho e até desagradável"; adianta que se trata "sem dúvida de um pseudônimo".[16] Desde o princípio de sua carreira literária, alguns põem em dúvida a autenticidade do nome dela, que é objeto da pergunta inicial da única entrevista dada à televisão brasileira, em 1º de fevereiro de 1977, ano de sua morte. Sente, então, a necessidade de reafirmar, com emoção na voz, que Lispector é seu verdadeiro nome, lembrando com uma ponta de amargura as duvidosas intenções do crítico. O ciclo se fecha. Em seu texto sobre a cidade fantasmagórica de Brasília, deixa entrever o temor de vir a ser vítima de um ritual de magia maléfica. "Sinto que estão fazendo macumba contra mim: quem quer roubar a minha pobre identidade?" (VE, 28) Um mau sonho, inédito, atesta seu medo:

> Acordei com um pesadelo terrível: sonhei que ia para fora do Brasil (vou mesmo em agosto) e quando voltava, ficava sabendo que muita gente tinha escrito coisas e assinava embaixo o meu nome. Eu reclamava, dizia que não era eu, e ninguém acreditava, e riam de mim. Aí não aguentei e acordei. Eu estava tão nervosa e elétrica e cansada que quebrei um copo.[17]

Nega-se sua identidade, constitui-se em "carta anônima." (VE, 23). Outros assinam o que ela escreve. Se a narradora de *Água viva* se considera uma "obra anônima de uma realidade anônima" (AV, 26), Ângela, de *Um sopro de vida,* sente-se culpada por tudo e tem a impressão de ter uma charlatã dentro dela, mesmo que "fale a verdade" (SV, 127). Ângela carrega uma certeza: ela não "é" seu nome. Seu nome pertence àqueles que a chamam. O "nome íntimo" da que se sente "como estrangeiro em qualquer parte do mundo" é "zero" (SV, 55).

Até mesmo o nome de Clarice torna-se motivo de discussão. Um leitor se admira com seu nome "estranho" e lhe faz um comentário, dizendo que ela poderia, por exemplo, chamar-se Larissa (DM, 97). Ela insiste para que ortografem corretamente seu nome e comenta, em outro lugar, que, em um convite para um desfile de moda, escreveram *Clarisse* "com dois *ss*" (DM, 590). Acrescenta que o fato se produz de vez em quando e insiste: "Quero é com *c* mesmo". A respeito de uma crítica sobre sua obra, emite somente este comentário: "Se eu me encontrasse com ele, a única coisa que eu diria é: Olha, quando você escrever sobre mim, Clarice, não é com dois esses, é com *c*, viu? Só isso que eu diria a ele. Mais nada".[18]

Lispector é, para ela, um amálgama de dureza de pedra e de doçura de flor. Pergunta-se por que seu sobrenome "parece duro como um diamante" (DM, 577); vê aí um "lis no peito" de origem latina.[19] O *lírio* latim não é uma flor, mas objeto de um *litígio*. Seu nome contestado leva, no seu início, a dúvida. À *lis* se acrescenta um *pector* ("peito") que precisa o objeto da querela: o litígio se refere ao coração. Se, além do *desacordo* de coração, ouve-se, em Lispector, *lírio no peito* ("lis no peito"), pode-se ler ainda o verbo latim *pecto* em primeira pessoa (penteio, deslindo, limpo a terra): eu, Clarice Lispector, desbravo o campo, deslindo a floresta. Para este fim, possui a dureza do diamante graças a "um 't' granítico" quase no fim de seu sobrenome (AV, 31). O trabalho dos antepassados cultivadores no seu nome e em suas mãos: "Ninguém diria que sou magra: estou gorda, pesada, grande, com as mãos calejadas, não por mim, mas pelos meus ancestrais" (DM, 200). Agricultura alquímica – o ouro se adivinha no final de Lispector: como a narradora de *Água viva*, Clarice se ocupa da matéria-prima. A transmutação de si mesma funda a alquimia da escritura: "Eu não sou um intelectual, escrevo com o corpo. E o que escrevo é uma névoa úmida. E as palavras são sons transfundidos de sombras [...]. Tentarei tirar ouro do carvão" (HE, 21). O Autor, de *Um sopro de vida*, se declara "alquimista" dele mesmo. Ângela, concebida por ele, informa-nos: "Se a gente ficasse em silêncio – de repente nasce um ovo. Ovo alquímico. E eu nasço e estou partindo com meu belo bico a casca seca do ovo. Nasci! Nasci! Nasci!" (SV, 85, 116). Pedra filosofal, coração de ouro nos confins de Lispector, criança-flor e ovo cósmico. À beira de sua morte – "clímax de [sua] vida" – seu nome floresce: "Sou um objeto querido por Deus. E isso me faz nascerem flores no peito. [...] Lírios brancos encostados à nudez do peito" (EPR, 65, 61).

Forma francesa de Clara, Clarisse, diminutivo de Clara, Clarinha, o nome de Clarice esclarece Lispector, transmudada em seu nome e sobrenome. Clarice Lispector ilumina a coisa clara: "Faz parte do trabalho registrar o óbvio" (AV, 73). O trabalho de seu nome: labor do coração. Por *pector*, o coração inteligente, surge a coisa nua. "Eu quero a coisa em si!", exclama.[20] Sobre a íris de Clarice, sobre seu coração-leitor, a luz se imprime:

> O que te escrevo não tem começo: é uma continuação. Das palavras deste canto, canto que é meu e teu, evola-se um halo que transcende as frases, você sente? Minha experiência vem de que eu já consegui pintar o halo das coisas. O halo é mais importante que as coisas e que as palavras. (AV, 57)

Em estado de graça, a narradora de *Água viva* percebe a luminosidade dos seres e das coisas, que provém "do esplendor da irradiação matemática das coisas e da lembrança de pessoas". Sente que "tudo o que existe respira e exala um finíssimo resplendor de energia" (AV, 105).

Clarice, mensageira de luz, sopra as seguintes palavras a Ângela que jura "que a coisa tem aura" (SV, 100):

> Quando eu vejo, a coisa passa a existir. Eu vejo a coisa na coisa. Transmutação. Estou esculpindo com os olhos o que vejo. A coisa propriamente dita é imaterial. O que se chama de "coisa" é a condensação sólida e visível de uma parte de sua aura (SV, 100, 103).

Flor de lírio, Clarice se abre para o coração das coisas, para o grande peito do mundo, em busca daquilo que chama de *it*: a coisa em si "como forma, sombra, aura, função", elemento puro, placenta, vida inconsciente de si (SV, 103).

A intimidade com a coisa viva é atingida pela narradora de *Água viva*, graças à sua voz e ao fato de confiar somente na "ordem da respiração" (AV, 28). A terceira filha dos Lispector se aproxima da coisa vibrante que, antes do ele ou do ela, antes dos gêneros, é.

A hermafrodita

Plenipotenciária na escrita, a narradora de *Água viva*, aliás, Clarice Lispector, concede a si mesma e a Deus, velado sob o nome de Deus, outro nome numa língua em que o gênero não conta mais:

> Como o Deus não tem nome vou dar a Ele o nome de Simptar. Não pertence a língua nenhuma. Eu me dou o nome de Amptala. Que eu saiba, não existe tal nome. Talvez em língua anterior ao sânscrito, língua *it*. (AV, 54)

Sua voz pronuncia palavras numa língua desconhecida. Com sua voz, Clarice faz ressoar o ar *it*, emite sons, chamados a Deus:

> E o ar é o que os outros chamam Deus. Eu chamo Deus como ele quer ser chamado. É assim: eu abro a boca e como modo de chamá-lo deixo sair de mim um som. Este som é simples. E tem a ver com o sopro vital. O som limita-se a ser apenas o seguinte: Ah... Ah... A absoluta indiferença bondadosa e arguta... Ah... E é em direção a esse Ah que nós como numa respiração vamos com nosso Ah de encontro a Ele. (SV, 141)

Amptala: A(h)... A(h)... A(h)... O nome do impessoal nela, refúgio neutro além dos gêneros. Fomos prevenidos desde o início: "Inútil querer me classificar: eu simplesmente escapulo não deixando, gênero não me pega mais" (AV, 14).

O hermafroditismo se torna o fantasma da terceira filha dos Lispector, que se subtrai, assim, do gênero conflitual. Na noite, aparece uma "possibilidade excepcional": um ser nomeado ora "Ele-ela", ora "Ela-ele". Todos aqueles que vissem aquele ser "terrivelmente belo" e sua clareza, "paralisados pelo que é Belo diriam: 'Ah, Ah'. Era uma exclamação que era permitida no silêncio da noite. Olhavam a assustadora beleza e seu perigo. Mas eles haviam vindo exatamente para sofrer o perigo" (OEN, 56).

Clarice arruma a história, pois "afinal não somos tão culpados" (ME, 257). Em "Onde estivestes de noite", a paralisia não é causada pela filha de sua mãe, mas pelo Belo, entidade andrógina adorada por seres "malditos" cumprindo seu destino. No conto, aparece inopinadamente um judeu pobre que grita em silêncio: "Sou Jesus! Sou judeu!" O único judeu, salvo algum engano, presente no conjunto da ficção de Lispector.[21] O grito silencioso do judeu pobre é inesperado e aparentemente inoportuno, assim como o parágrafo evocando o aspecto clandestino da vida de Clarice, que estimava ser "muito difícil" escrever sua biografia.[22] "Uma nova e não autêntica história brasileira era escrita no exterior. Além disso, os pesquisadores nacionais se queixavam da falta de recursos para o trabalho" (OEN, 59).

Poderia, assim, faltar uma data, o ano de sua chegada ao Brasil. Ela diz não se lembrar para não ter que revelar sua idade? Vaidade? Ou orgulho de judia pobre? "Livrai-me do orgulho de ser judeu!" (OEN, 69)

Mas por que essas palavras na boca de seu personagem? Eis a declaração surpreendente que teria feito em uma de suas últimas entrevistas à imprensa escrita, na qual, enfim, pela primeira vez, ao que parece, menciona suas origens: "Eu sou judia, você sabe. Mas não acredito nessa besteira de judeu ser o povo eleito de Deus. Não é coisa nenhuma. Os alemães é que devem ser, porque fizeram o que fizeram. Que grande eleição foi essa para os judeus? Eu, enfim, sou brasileira, pronto e ponto".[23]

Se o judeu pobre pensa ser Jesus, a narradora de *Água viva* se identifica com o divino, renomeando-o ao mesmo tempo que ela mesma se dá outro nome. Poderia acreditar: "Sou Simptar! sou Amptala!"[24] O grito do ser divino se expande sobre a terra, grito mudo de judeu pobre que ninguém escutava, "o mundo inteiro não o ouvia", lamento da criança judia, queixa da terceira filha dos Lispector (OEN, 66). Grito *it*: "Ouve-me, ouve meu silêncio" (AV, 35). Deus é o outro, tu, a "ti", na língua portuguesa, a quem se dirige *Água viva*. A narradora recorre ao divino no outro, ao seu *it* (o *it* de *ti*).

Clarice maneja o neutro inglês *it*, anticonflitual, para ir além ou aquém dos sexos, o de G.H.,* por exemplo, aquela que o próprio quarto no qual se encontrava "chamava de 'ela'" (PSGH, 68).

A aceitação do feminino na terceira filha acontece com alguma resistência: "Ainda não estou pronta para falar em 'ele' ou 'ela'. Demonstro 'aquilo'. Aquilo é lei universal. Nascimento e morte. Nascimento. Morte. Nascimento e – como uma respiração do mundo" (AV, 44). Estaria ela em inglês como num terreno neutro? O *it* neutro da língua que eles teriam falado – como um microcosmo da terra americana onde seus pais sonharam em ir viver – se o Brasil não tivesse, antes dos Estados Unidos, conferindo-lhes um visto de imigração. Perde-se em conjecturas:

> O que não será jamais elucidado é o meu destino. Se minha família tivesse optado pelos Estados Unidos, eu teria sido escritora? Em inglês, naturalmente, se fosse. Teria casado provavelmente com um americano e teria filhos americanos. E minha vida seria inteiramente outra. Escreveria sobre

---

* A personagem feminina G.H. seria andrógina? G.H. como Gênero Humano?

o quê? O que é que amaria? Seria de que Partido? Que gênero de amigos teria? Mistério. (DM, 499)

Clarice tem uma relação sonora com o inglês, cultivado em uma estadia na Inglaterra: "E a criança inglesa é sempre linda e quando abre a boca para falar, aí é que fica lindíssima" (VE, 140). Clarice aprende inglês "de ouvido". Sob o constrangimento de "ir para"? Ao longo de um período de seis anos e meio nos Estados Unidos, perfaz seus conhecimentos de uma língua que acha bonita, mas que não deseja realmente falar. De volta ao Rio, escreve na sua "declaração de amor" à língua portuguesa:

> Se eu fosse muda e também não pudesse escrever, e me perguntassem a que língua eu queria pertencer, eu diria: inglês, que é preciso e belo. Mas como não nasci muda e pude escrever, tornou-se absolutamente claro para mim que eu queria mesmo era escrever em português. Eu até queria não ter aprendido outras línguas: só para que a minha abordagem do português fosse virgem e límpida. (DM, 135)

Muda, paralisada, impedida de escrever?[25] Mas não surda: como sua mãe, que não dominava a língua do país de acolhida. Clarice, a respeito disso, reproduz uma situação linguística similar àquela vivida na infância. No estrangeiro, falava português com seus filhos, que, por sua vez, falavam a língua da terra de residência. Desejava que "aprendessem bem" a língua do lugar onde moravam, na época, os Estados Unidos, onde Clarice teria crescido se seus pais tivessem ali vivido. O inglês teria se tornado sua língua, essa que teria escolhido se não pudesse nem falar e nem escrever. Como uma criança em período de aprendizagem da língua e, depois, da escrita, teria pertencido ao inglês que gosta de ouvir.

E nem mesmo uma palavra sobre o iídiche materno. Desejaria até "não ter aprendido outras línguas". Estas línguas, além do inglês: o francês, o espanhol, o italiano e o iídiche, que não aprendeu, mas ouviu. O iídiche atrapalha seu português? Língua secreta sob sua língua, o iídiche já perpassado por tantas outras, como nos lembra Franz Kafka, em seu discurso sobre a língua iídiche:

> Compõe-se somente de vocábulos estrangeiros [...]. Migrações de povos atravessam o iídiche de ponta a ponta. Todo esse alemão, esse hebraico, esse francês, esse inglês, esse eslavo, esse holandês, esse romeno e mesmo esse latim [...].[26]

Um pouco de inglês se mostra e se esconde sob o iídiche, língua cuja oralidade constitui, incidentalmente, a força viva. O inglês: compromisso de Clarice entre o iídiche inconfessável e o português? O inglês seria o árbitro do litígio português/iídiche? Sua inclinação pelo inglês seria uma forma de não rejeitar totalmente a língua materna, as origens germânicas unindo as duas línguas? Sob o inglês haveria um pouco da voz da mãe? É sobretudo em traduções do inglês que ela se detém depois de seu retorno definitivo ao Rio e até sua morte.[27] Põe como epígrafe de *A paixão segundo G.H.* uma citação em inglês de um crítico de arte que, seis anos mais tarde, lamenta não ter vertido para o português aos seus leitores brasileiros:

> Só que cometi um erro: não a traduzi, deixei em inglês mesmo, esquecendo de que o leitor brasileiro não é obrigado a entender outra língua. A frase em português é: "Uma vida completa talvez seja a que termine em tal plena identificação com o não eu, que não resta nenhum eu para morrer."* Em inglês fica mais íntegra a frase, além de mais bonita. (DM, 434)

O inglês seria, na opinião dela, mais "íntegro"? Não é ela mesma mais íntegra em inglês? É nessa língua que relata parte de seus segredos, lembramo-nos bem: *I don't want to be a single body...*

---

* *A complete life may be one ending in so full identification with the non-self that there is no self to die.*

Yes

O inglês imparcial, língua *it*, acima do conflito. Nesta língua, Clarice Lispector não esbarra com o proibido e diz sim: "Êxtase. *Yes, my love*. Entrego-me. Sim. *Pour toujours*.* Tudo – mas tudo é absolutamente natural. *Yes*. Eu [....] Então eu digo a Grande Lei natural: sim. [...] Sim, bem sei, somos nós duas. Sim, sim, sim! Eu disse sim" (VE, 22).

O *yes*, o sim traduzido, desencadeia uma cascata de sins na sua própria língua. Inebria-se de sins que já haviam sido derramados silenciosamente na língua brasileira: "E o meu primeiro sim embriagou-me. Sim, repetiu meu silêncio para o dela, sim. Eu tinha a ousadia de dizer sim a Ofélia, eu que sabia que bem se morre em criança sem ninguém perceber. Sim, repeti embriagada [...]" (LE, 119). Já com muito custo havia feito seu personagem Martim dizer sim:

> Diga. Faça esse gesto, aquele que custa mais, o mais difícil, e diga: sim. Então com esforço sobre-humano, ele disse sim. E então – abatido, cansado – cumpriu-se para ele a outra promessa. Porque "sim" é, afinal, o conteúdo do "não". Ele acabara de tocar no objetivo do não. Ele acabara, enfim, de tocar no conteúdo de seu crime. (ME, 253)

Clarice carrega consigo, desde seu nascimento, um delito: o de ser um não. Não é um menino e não curou sua mãe. Quando seu menino nasce, Clarice lhe diz sim. Um sim sai de um não. Mesmo sendo um não, ela é às vezes capaz de dizer sim na sua língua: "Eu disse que sim, em parte porque também gostaria que fosse sim, em parte para mostrar a Teresa, que não me parece semiparalítica, que ainda se pode dizer sim. Sim, meu Deus. Que se possa dizer sim" (DM, 34). Teresa, uma de suas assíduas leitoras, tinha pedido a Clarice que continuasse sendo ela mesma ao escrever textos para jornais. Mas antes Teresa a visitou no hospital, onde permanece durante quase três meses após o incêndio em seu apartamento, no Rio de Janeiro. Teresa, ela, desloca-se...

Por trás de Teresa, em filigrana, a mãe imóvel de sua infância. Teresa lhe dá o pretexto para pronunciar o sim em direção a Deus, este "sim, meu Deus" traduzido mais tarde para o inglês:

> *Yes, my Lord. I said yes, sir. I almost said: my love,* em vez de *my Lord. But my love is my Lord. There is no answer? O.K., I can stand it*. Mas como dói. Dói muito ser ofendida por uma falta de resposta. (VE, 29)

---

* Em inglês e em francês no fragmento.

Amptala-Clarice ama Simptar, Deus-*it*. É em inglês que lhe declara seu amor, sem esperar nada em troca: *she can stand it*. Rezou muito para que Deus curasse sua mãe, mas ele não lhe respondeu. Durante muito tempo, não acreditou mais Nele, nem em Sim. Aliás, seu pai declarava: cada um por si, Deus por ninguém. Dizem-lhe não quando ela nasce, depois Deus lhe diz não. Disse, então, não. Não ao sim, não ao amor.

Informa-se junto ao Dr. Azulay, analista: "Tenho um motivo particular para perguntar por que há pessoas que não gostam de ser gostadas. Por quê?" O terapeuta abre uma brecha no jazigo de sua memória, propondo a luz da psicanálise: "Quem nada tem a perder, já perdeu tudo, exceto o sentimento de perda sem recuperação que, inconscientemente, poderia fantasiar assim: se eu não fui amado por minha mãe, por que os outros me amarão?" (CI, 201). Lança um SOS a seus leitores: "Se nós não nos amarmos, estamos perdidos. É melhor nós nos encontrarmos em Deus" (DM, 574). Ângela se entrega ao amor de uma Natureza Divina: "Eu quero simplesmente isto: o impossível. Ver Deus. Ouço o barulho do vento nas folhas e respondo: sim!" (SV, 150).

Por meio da tradução, reaprende timidamente a amar, a dizer sim. Traduz do inglês, para os leitores do *Jornal do Brasil*, uma citação sem fonte, e essas linhas "tão belas" terminam com as palavras seguintes: "e então ela disse: 'Sim, acho que eu também te amo'" (DM, 266). *Yes, I think I love you too*. Temerosa, precisa da língua do outro, palavras de um outro para domar o amor. O amor em tradução: *yes, my love, yes, yes, yes, my Lord, I said yes, yes,* eu. Necessidade do inglês para passar do não ao sim, para se afirmar afirmando. A outra língua, como espelho, reflete a identidade e a diferença, o sim e o não. Refrata a dualidade fundamental de Clarice: "Eu sou sim. Eu sou não. Aguardo com paciência a harmonia dos contrários. Serei um eu, o que significa também vós" (DM, 426). Aceita-se como naturalmente dupla. *Sim. Aceito, my Lord*. Se "tudo é absolutamente natural", pode, então, pedir ajuda espontaneamente nas duas línguas: "Socorro! Socorro! *Help me!*" (VE, 21). Contraria a lei da univocidade: "*There is no place like home*. Como é bom voltar. Ir é bom, mas voltar é mais melhor. Isso mesmo: mais melhor" (VE, 24). Apesar desse desvio excepcional, ela não tem, no entanto, nenhuma intenção deliberada em desafiar as leis gramaticais: "Tenho o maior respeito por gramática e pretendo nunca lidar conscientemente com ela".[28] Alega que, até mesmo em suas crônicas destinadas ao grande público, esforça-se para não utilizar uma sintaxe que lhe é "íntima e natural". Mas esqueceu o significado da palavra sintaxe. Um amigo dá uma definição que não a ajuda muito a entender o sentido do termo. "Uma palavra tão grave quanto sintaxe não podia significar simplesmente isso": "o modo como a frase se coloca dentro do período."

Clarice, de quem já se disse que "não sabe escrever e, por isso mesmo, escreve tão bem",[29] aconselha seus leitores do *Jornal do Brasil* (29/06/1968) a conhecer bem as regras gramaticais antes de pensar em abandoná-las. Ela mesma aprendeu para depois desaprender para que surgisse sua sintaxe tão pessoal, sua respiração de frase inusitada. Adolescente, dava aulas particulares de português e de matemática: "Quanto ao português, era com o maior tédio que eu dava as regras de gramática. Depois, felizmente, vim a esquecê-las. É preciso antes saber, depois esquecer. Só então se começa a respirar livremente" (VE, 149). Em 1968, afirma não saber mais o que significa sintaxe. Em 1971, duvida possuir uma. Contudo, na conferência sobre a "Literatura de vanguarda no Brasil", proferida nos Estados Unidos, em 1963, falava-nos a respeito com inteligência:

> É maravilhosamente difícil escrever em língua que ainda borbulha, que precisa mais do presente do que mesmo de uma tradição. Em língua que, para ser trabalhada, exige que o escritor se trabalhe a si próprio como pessoa. Cada sintaxe nova é então reflexo indireto de novos relacionamentos, de um maior aprofundamento em nós mesmos, de uma consciência mais nítida do mundo e do nosso mundo. Cada sintaxe nova abre então pequenas liberdades. Não as liberdades arbitrárias de quem pretende variar, mas uma liberdade mais verdadeira, e esta consiste em descobrir que se é livre. Isto não é fácil. Descobrir que se é livre é uma violentação criativa. Nesta se ferem escritor e língua. Qualquer aprofundamento é penoso. Ferem-se mas reagem vivos.[30]

Sintaxe: espelho de nossas relações com o mundo, reflexo indireto de nós mesmos. Sua sintaxe: reflexo indireto de suas relações com as línguas iídiche, portuguesa, francesa, inglesa, espanhola, italiana? Efeito de "tempestade de almas"?

Tempestade de almas
Se soubesse, não teria nascido. É o que Clarice Lispector nos revela logo de entrada em "*Brain storm*". Faz alusão, nessa crônica, à sua fama de personagem misteriosa: "O monstro sagrado morreu: em seu lugar nasceu uma menina que era órfã de mãe" (DM, 376). Ao republicar o texto, suprime o inglês do título e a menção à mãe morta.[31] Lê-se, de fato, na segunda versão chamada "Tempestade de almas", que se trata de "uma menina que vivia sozinha" (OU, 123). Uma menina isolada em busca de sua identidade, prisioneira de sua dualidade: uma alma junto à mãe judia; uma outra, à terra brasileira. Uma alma errante entre as línguas. O texto atormentado traz estigmas de palavras que evocam uma língua materna recalcada – algumas palavras em francês e em inglês. "*Éclatante de silence*" é a lua, anota Clarice ao citar Paul Éluard. Sente-se "em plena tempestade de cérebro que significa *brainstorm*": como se, traduzindo do português para o inglês – da tempestade de cérebro para *brainstorm* –, sua língua-alvo se tornasse o inglês; como se o seu lugar de enunciação não fosse o Brasil e se dirigisse a anglófonos compreendendo português. Como se ela não estivesse no Brasil? Não fosse do Brasil? Como se estivesse sempre fora da língua.

Sente esse impulso em traduzir por necessitar da língua estrangeira materna desconhecida? Experimenta a compulsão de chamar a outra língua? É uma maneira de se aproximar da mãe distante, a voz primordial de antes da tempestade? Clarice descreve as impressões de uma criança nascida há cinco dias, em um fragmento de crônica intitulado "O terror":

> As vozes que para ele eram trovões, só uma voz era cantante: ele se banhava nela. Mas logo em seguida era depositado e vinha o terror e ele gritava entre as grades [...]. Abriam-lhe a boca e depositavam coisas ruins na boca, ele engolia. Quando era a voz cantante que lhe dava coisas ruins, ele suportava melhor. [...] O nascimento era a morte de um ser uno se dividindo em dois solitários. (DM, 204)

O leite que não vem da mãe é coisa de gosto ruim? Clarice é exclamativa: "Quando era pequena, não suportava leite! Quase vomitava quando tomava leite! Pingavam-no na minha boca".[32]

A tradução permite a Clarice fazer ouvir pelo menos duas vozes. Manifesta de viés a problemática da identidade. Afirma-se na sua língua, combate (*com* + *bate*) a língua do outro. Escreve em sua língua transpondo nela a voz do outro. Convoca a voz estrangeira, enquanto parece não gostar de se ouvir em outra língua. Quando estava traduzindo uma peça da norte-americana Lillian Hellman, sentiu na boca "uma coisa desagradável": trabalhando com empatia na tradução dos diálogos de personagens norte-americanas, adquire, por um certo tempo, uma entonação "inteiramente americana" e passa "a cantar as palavras, exatamente como um americano que fala português."³³

Não gosta de falar o inglês dos Estados Unidos. Quer, antes, ouvir. Recria assim seu estado de união com o corpo materno, antes da separação do nascimento, ou dos momentos curtos demais passados nos braços da mãe cantante, antes de sua iniciação à palavra. Recebe amor graças à voz: "Minha empregada tem uma voz linda e canta para mim quando eu peço: 'Ninguém me ama'" (VE, 24). Ela traduz, por escrito, o amor da voz: "Escrevo mais ou menos certo de ouvido, por intuição, pois o certo sempre soa melhor". Traduz e vive de orelha e fala por escrito.

Clarice falava pouco em voz alta, assim como a narradora de *Água viva*. Nesse sentido, cumpriu bem o papel destinado por ela ao escritor brasileiro de hoje, o de "falar o menos possível". Essa declaração à TV Cultura de São Paulo, dez meses antes de sua morte, já se encontrava, em florescimento, em uma de suas cadernetas íntimas, vários anos antes: "Não, não, eu não perdi minha vida, mas falei demais. Em seguida náusea". Anota em relação a essa impressão persistente: "No trem, deitada, numa escuridão interior, tive uma espécie de começo de morte e pensei claramente: não, não perdi minha vida, mas falei demais". Outro trem, outra terra, outro exílio. Separação da voz, recusa de se ouvir falar, rejeição física da mãe língua, pequena morte de língua. Deslocamento em outra língua: Clarice toma um trem europeu em busca da identidade e, em francês, anota em sua caderneta no ano de sua partida para a Europa, em 1944: *Me répéter chaque matin que le plus important reste à dire, et qu'il est grand temps.**

Exorta-se a não morrer, incitada pelas novas possibilidades de uma língua inexplorada. Mesmo se, por vezes, "falar salva", compromete-se a não falar demais para não ter que rondar a morte (AV, 227). Como exemplo de limite à sua compulsão de fala, serve-se das palavras de André Gide, que incorpora em terra desconhecida, no continente europeu, onde desembarca com 24 anos:

---

* "Repetir a mim mesma toda manhã que o mais importante está por dizer, e que o tempo é agora."

> *Il faut que j'apprenne à me taire. D'avoir parlé hier de ce projet de livre à Albert, ma volonté s'en était affaiblie. Il faut que j'apprenne à me prendre au sérieux; et à n'avoir aucune opinion satisfaite de moi-même. [...] Que je ne sois pas pour tous de la même amabilité fade. "<u>Oser être soi</u>.* Il faut le souligner aussi dans ma tête."***

O estrangeiro a auxilia nesse trabalho de ousar ser ela mesma. As palavras alheias são um apoio, e o modelo europeu é um trampolim que assegura um mergulho na sua própria língua. Interroga-se a respeito, na mesma caderneta: "Não sei, talvez só em choque com os outros se tenha amor por si mesma". Toma o trem para o exterior e retorna. Passa de um sim a um não pela partida, o distanciamento (que é também um sim a outrem). Atravessa o não e cai para o sim pelo retorno a si, o amor a si (*a mor* = não à morte). *Sim* em português será a palavra final de Clarice, o último termo de *A hora da estrela*, publicado no ano de sua morte, 1977. Sim.

Clarice possui o atrevimento de Arthur Rimbaud. Cita em francês o fragmento fortificador da carta conhecida como "do Vidente":

> *Maintenant, je m'encrapule le plus possible. Pourquoi? Je veux être poète, et je travaille à me rendre voyant. [...] : Il s'agit <u>d'arriver à l'inconnu</u>*** par le dérèglement de tous les sens. Les souffrances sont énormes, mais il faut être fort, être né poète, et je me suis reconnu poète.*****³⁴

No trem da evolução, no trem do vir a ser, ela "vai para", levada pelo francês:

> *Mon roman cesse de m'intéresser lorsque je cesse d'y travailler. D'autres choses aussitôt occupent ma pensée davantage, étant en relation plus directe avec moi. Cette crainte que j'ai de céder à moi-même, cette résolution de donner le pas à autrui, ce besoin de me perdre de vue, m'a blouse [sic]. Un*

---

* As palavras sublinhadas são de C.L.
** "É preciso que eu aprenda a me calar. Minha vontade enfraqueceu-se ao ter falado ontem deste projeto de livro a Albert. É preciso que eu aprenda a me levar a sério; e não ter nenhuma opinião satisfatória sobre mim mesmo... Que eu não tenha para todos a mesma amabilidade insípida. 'Ousar ser você mesmo. É preciso sublinhar a frase também na minha cabeça.'"
*** As palavras sublinhadas são de C.L.
**** "Agora, eu me encrapulo o máximo possível. Por quê? Quero ser poeta e trabalho para tornar-me vidente. [...] Trata-se de chegar ao desconhecido através do desregramento de todos os sentidos. Os sofrimentos são enormes, mas é preciso ser forte para ter nascido poeta, e eu me reconheci poeta."

certain égoïsme supérieur est sans doute nécessaire et si je ne l'obtiens pas de moi, je ne me dépasserai pas.*³⁵

Um egoísmo superior, um amor-próprio a levaria enfim a dizer não ao outro e sim ao que nela "vai contra". É seu talento, sua tenacidade. Prossegue com outra citação copiada do francês:

> *Si j'écris plus facilement?... La facilité ne propose que lieux communs et formules toutes faites; précisément ce que j'écarte. De plus en plus difficile envers moi-même et de plus en plus regardant. [...] J'avais perdu l'habitude – je la reprends – d'exiger plus de moi-même. C'est presque volontairement que je l'avais perdue, et par méthode presque, estimant qu'il n'est pas bon d'être toujours tendu, que le laisser-aller repose et peut, lui aussi, nous instruire.***

Anda à margem, contra a corrente, é livre.

---

* "Meu romance cessa de me interessar quando cesso de trabalhar nele. Outras coisas logo ocupam mais meu espírito, estando em relação mais direta comigo. Este receio meu de ceder a mim mesma, esta resolução de deixar passar o outro, esta necessidade de me perder de vista, me atrapalhou. Um certo egoísmo superior é sem dúvida necessário, e se eu não conseguir de mim, não me ultrapassarei."
** "Se eu escrevo com mais facilidade?... A facilidade só propõe lugares-comuns e fórmulas prontas; precisamente aquilo que descarto. Cada vez mais difícil para mim mesma e cada vez mais meticuloso. [...] Tinha perdido o hábito – eu o retomo – de exigir mais de mim mesma. Foi quase voluntariamente que o perdi, seguindo um método quase, estimando que não é bom estar sempre tenso, que o deixar-se levar descansa e pode, ele também, nos instruir."

A tigresa

O jornalista Alberto Dines, seu amigo, conta como ela revelou andar na rua: "Por exemplo, na rua do Ouvidor, o pessoal estava andando num sentido, ela pelo canto, em outro sentido, desembaraçada, quer dizer, ela ia contra o fluxo natural".[36] Vivacidade e desenvoltura. O ir e o deixar-se ir. *La volupté de l'effort** na língua portuguesa e o *je m'en fiche*** na língua francesa.[37] Arrepio de espera de Ângela: "Eu sempre espero alguma coisa nova de mim, eu sou um frisson de espera – algo está sempre vindo de mim ou fora de mim" (SV, 60).

Um frêmito francês vem a ela, no coração de suas palavras portuguesas, como uma infidelidadezinha, da qual se arrepende "Joia/ Frisson/ Traição/ Mas arrependimento profundo/ E eu única descansando alerta no escrínio de veludo roxo" (SV, 122).

Sente esse prazer de acariciar certas palavras estrangeiras como uma pequena traição à sua língua? Enlaça palavras francesas: *éclater, exquise, insaisissable, ballet, j'éclate, agacer, bouleversante*.[38] Abraços íntimos esparsos e ocasionais na escritura e mesmo na fala. Segundo um jornalista brasileiro, em vários momentos de uma entrevista, Clarice, muito influenciada pela língua francesa, teria utilizado a expressão *je suis en train* de fazer tal ou tal coisa.[39] O trem do francês: um meio de viajar na língua escrita e falada. Enquanto um pouco de inglês está disseminado em seus escritos, o francês é ouvido na sua língua falada. Já foi assinalado: pronuncia o [R] brando português – inexistente em francês – como um francófono que não consegue fazer vibrar a ponta da língua contra a parte anterior do palato. [R] gutural, erre de fora, o ar de uma estrangeira para sempre:

> O indevassável me deixa com uma espécie de obstinação áspera; impenetrabilidade é o meu nome; estou ali, endomingada pela natureza. Minha cara deve estar com ar teimoso, com olho de estrangeira que não fala a língua do país. Parece um torpor. Não me comunico com pessoa alguma. Meu coração é pesado, obstinado, inexpressivo, fechado a sugestões. (DM, 200)

Letargia do rosto, torpor da língua sob o efeito de uma ansiedade análoga à que sente um imigrante em solo novo. Embaraço comparável ao de uma estrangeira que não fala a língua do país. O escritor João Antônio testemunha sua maneira de se expressar:

---

* A volúpia do esforço.
** Não estou nem aí.

> Ela tinha uma dificuldade geral de expressão, tinha um "R", o "R" dela saía todo torto, saía todo pegando e tal e coisa, além disso, era muito tímida.⁴⁰

A estrangeira atrapalhada se defendia com um "R" estranho? Erre de pantera, ar de tigresa. Ao lhe perguntarem com qual animal tinha maior afinidade, responde que as pessoas a veem "com ar de tigre, de pantera."⁴¹ Uma felina rugindo, um bicho acossado, um tigre ferido posto a nu: "Senti-me então como se eu fosse um tigre perigoso com uma flecha cravada na carne, e que estivesse rondando devagar as pessoas medrosas para descobrir quem lhe tiraria a dor" (DM, 155).

Seu *aR* europeu é um escudo. O sotaque francês seduz os brasileiros que viviam, até os anos 1960, sob influência cultural da França. Sua arma defensiva é uma faca de dois gumes: Clarice encanta e ao mesmo tempo mantém distância com seu ar de outro continente. Muitas vezes reclama que as pessoas têm medo de se aproximar, não compreende por que a temem e nega ser inacessível. Sobre o assunto, um artigo dedicado a Lispector, escrito pouco tempo depois de seu retorno definitivo ao Rio de Janeiro, no início dos anos 1960, diz:

> Há uma grande curiosidade em torno de Clarice-gente. Ela circula muito pouco na área literária, foge aos programas de televisão e às tardes de autógrafos, e são pouquíssimas as pessoas que tiveram oportunidade de conversar com ela. "Clarice não existe" – dizem uns. "É pseudônimo de alguém que mora na Europa." "É uma mulher linda" – afirmam outros. "Não conheço, não" – diz um terceiro. "Mas acho que é homem. Ouvi falar que era um diplomata."

Clarice ri muito ao ouvir essas versões estranhas a seu respeito:

> Meu Deus, que foi que eu fiz? De onde vem essa lenda? Qualquer dia desses, eu me convenço de que não existo mesmo, de que não me corporifiquei. Entro no quarto para cuidar das crianças, me vejo no espelho, dou um grito e saio correndo de medo, medo de mim mesma.⁴²

O interesse por sua pessoa, gratificante talvez no retorno do exílio, teria se tornado um peso. Nas raras entrevistas que dá ao fim da vida, declara não gostar de ser considerada uma escritora antes de qualquer coisa. Afirma escrever com simplicidade e faz questão "de não ser uma profissional para manter a [sua] liberdade".⁴³ Reclama o direito de ser uma amadora:

uma pessoa que ama, cultiva, busca prazer, amor. Aceita dar entrevistas, a despeito de sua aversão pela coisa, para que a desmitifiquem, ela e seu sobrenome "molhado", e o seu primeiro nome "doce demais", feito "para o amor" (OEN, 82).

A poeta

Pura fruição da criança na sua brincadeira, longe das responsabilidades do profissional adulto, Clarice Lispector possui "um lado infantil que não cresce jamais" (VE, 45). Brinca e louva o milagre das línguas. Recorre ao espelho mágico para fazer brilhar as palavras. "Faiscar é importantíssimo." (SV, 119) Pesca na noite. Escolhe o anzol e o oferece ao espelho: amor. Na água solidificada deste, surpreende as entrelinhas – roma(ã). "Então escrever é o modo de quem tem a palavra como isca: a palavra pescando o que não é palavra. Quando essa não-palavra – a entrelinha – morde a isca, alguma coisa se escreveu. Uma vez que se pescou a entrelinha, poder-se-ia com alívio jogar a palavra fora. Mas aí cessa a analogia: a não-palavra, ao morder a isca, incorporou-a." (AV, 21)

Palavras fisgam o espaço do silêncio. "[...] A linguagem um dia terá antecedido a posse do silêncio." (PSGH, 210) Clarice pesca no vasto lago das suas línguas. Palavras-lágrimas se multiplicam ao infinito no português brasileiro pelo qual tem devoção, clareado por "pontas de estrelas" – a fulguração do inglês – e pela transparência de vidro do francês; *milagre* da palavra vista de todos os lados ou no avesso (LE, 133). O verdadeiro milagre não está em *il miracolo, o milagre* ou *the miracle*, mas na superfície muda que envolve as palavras luzidias, no *it* da coisa, seu mistério, que a narradora de *Água viva* tenta pintar, pois "atrás do pensamento não há palavras" (AV, 29). Aventura-se "dentro dos grandes sonhos da noite", nas "proximidades de fontes, lagoas e cachoeiras" (AV, 24, 30).

Traduzir essa água é o desejo irreprimível da autora: suas intuições se tornam mais claras ao se esforçar em traduzi-las em palavras. Escreve porque só entende as coisas graças a esse processo.[44] É uma urgência para Joana: (PCS, 166) "Que transponho suavemente alguma coisa [...] Que transponho suavemente alguma coisa... é a impressão" (PCS, 166). Clarice transpõe a matéria viva em linguagem e atravessa de uma língua para outra. Refrata, assim, o "sentido oculto" da vida, desnuda o avesso da coisa: "o que é uma janela senão o ar emoldurado por esquadrias?" (AV, 25) Mostra o reverso: "Mas Brasília não flui. Ela é ao contrário. Assim: *iulf* (flui)" (VE, 21). Traz a outra língua e a sua luz a fim de clarear o que jaz na sombra do seu próprio idioma. Segundo a física da antimatéria, "tudo tem verso e reverso, tudo tem sim e tem não, tem luz e tem trevas, tem carne e espírito" (SV, 157). A iluminação da língua estrangeira permite abandonar os lugares-comuns da língua de uso e sua sombra: "*Descobrir a terra* é lugar-comum que há muito se separou do que exprime. [...] Os franceses, quando estão nervosos, dizem que estão *sur le qui-vive*.* Nós estamos perpetuamente sobre o que vive. E à terra retornaremos" (DM, 253).

Iluminar as línguas preocupa Clarice. Reproduz, em uma de suas crônicas, a pergunta de um entrevistador a Henry Miller: "Gertrude Stein disse que viver em Paris apurou o seu inglês, pois que ela não usava seu idioma na vida cotidiana. Isso fez dela a estilista que é. O fato de morar em Paris exerceu o mesmo efeito sobre o senhor?"[45] O escritor americano concebe a coisa, apesar de isso não corresponder à sua situação pessoal: "Ouvir cotidianamente uma outra língua afia a nossa própria e permite perceber sombras e nuanças insuspeitadas". Clarice prossegue sua crônica com o retrato de "um homem" que diz não compreender com sua inteligência, mas com sua "pessoa inteira" (DM, 433). Cabe a nós entender que o francês, o inglês, o italiano etc. ajudaram-na a fazer reluzir seu português brasileiro, a pôr sob a luz o pó – partículas vivas – da sua língua de uso, terra seca e dispersa na obscuridade desse túmulo do pensamento, a língua codificada do dicionário. A língua portuguesa do Brasil brilha tanto sob os faróis da escritora que o poeta italiano Giuseppe Ungaretti confia ao célebre cronista Rubem Braga: a prosa de Clarice Lispector fez aumentar seu "respeito pela língua portuguesa graças a sua intensidade poética, a sua invenção". Se um poeta do estrangeiro expressa a um terceiro sua fé no espírito poético de Clarice, o bardo Manuel Bandeira assegura à interessada:

> Sabe que vou dar em livro [...] a minha antologia dos poetas bissextos? [...] Se tivesse comigo aqueles poemas seus que você me mostrou um dia, incluiria também. Ficará para uma segunda edição. Quer me mandar algumas coisas? Você é poeta, Clarice querida. Até hoje tenho remorso do que disse a respeito dos versos que você me mostrou. Você interpretou mal as minhas palavras. Você tem peixinhos nos olhos: você é bissexta: faça versos, Clarice, e se lembre de mim.[46]

Mostrou, então, seus poemas a um poeta já reconhecido na época como uma das figuras maiores da poesia brasileira. Em que consistia o comentário de Manuel Bandeira, 35 anos mais velho que ela? Trinta anos depois, quando lhe perguntam se ela já escreveu poesia, responde logo: "Não, não... nunca", antes de se retratar: "Eu andei escrevinhando umas coisas, mas jogava fora, eu me dizia que não prestava".[47] No entanto, em 5 de janeiro

---

* Expressão em francês no fragmento.

de 1947, é publicado no *Diário de São Paulo* o poema "A mágoa", assinado por Clarice Lispector.*

>Os telhados sujos a sobrevoar
>Arrastas no voo a asa partida
>Acima da igreja as ondas do sino
>Te rejeitam ofegante na areia
>O abraço não podes mais suportar
>Amor estreita asa doente
>Sais gritando pelos ares em horror
>Sangue escoa pelas chaminés.
>Foge foge para o espanto da solidão
>Pousa na rocha
>Estende o ser ferido que em teu corpo se aninhou,
>Tua asa mais inocente foi atingida
>Mas a Cidade te fascina.
>Insiste lúgubre em brancura
>Carregando o que se tornou mais precioso.
>Voas sobre os tetos em ronda de urubu
>Asa pesa pálida na noite descida
>Em pálido pavor
>Sobrevoas persistente a Cidade Fortificada escurecida
>Capela ponte cemitério loja fechada
>Parque morto floresta adormecida,
>Folha de jornal voa em rua esquecida.
>Que silêncio na torre quadrada.
>Espreitas a fortaleza inalcançada.
>Não desças
>Não finjas que não dói mais
>Inútil negar asa partida.
>Arcanjo abatido, não tens onde pousar.
>Foge, assombro, inda é tempo,
>Desdobra em esforço a ala confrangida
>Foge! dá à ferida a sua medida
>Mergulha tua asa no ar.

* Esse poema foi publicado, não em versos livres como no original, no início de uma de suas crônicas chamada "A mágoa mortal", no *Jornal do Brasil* (23/09/1972).

Reprimindo sua aspiração à poesia, encontra uma forma de compreensão na escritora inglesa com a qual a crítica sempre foi tentada a compará-la. "Quem", diz Virginia Woolf, "poderá calcular o calor e a violência de um coração de poeta quando preso no corpo de uma mulher?" Clarice publica sua crônica sobre Woolf, pela primeira vez, em 1952, na revista *Comício*; depois, pouco antes de sua morte, no *Jornal do Brasil* (29-30/10/1977), como para lembrar dos espinhos da rosa, cravados antes no próprio talo da flor. Apesar de ter se reconhecido na fala da romancista europeia, não quer lhe "perdoar" seu suicídio porque "o horrível dever é ir até o fim. E sem contar com ninguém" (DM, 529).

Acha outro apoio em um poeta estrangeiro. Eis aqui o que copia em uma de suas cadernetas, não datada: *Rien de l'imagination volontaire des professionnels. Ni thèmes, ni développements, ni construction, ni méthode.** (H.M.) As palavras francesas de H.M. ressoam nela: *On fait un effort continuel pour se banaliser. Le rêve, qui paraît drôle, provient de ce que l'homme se parlant à lui-même cesse de se gêner.*** (Henri Michaux)

Mas Clarice, assim como Ângela, escreve "frases desconexas" similares às dos nossos sonhos, explora o espaço do sonho acordado (SV, 74):

> Tem um lugar que eu vou quando quero pensar bem ou dormir ou ver. Se ele fosse + perto, eu diria que ficava no canto esquerdo de minha cabeça. Mas ele é tão mais longe, é muito depois de onde eu acabo. O pior é que sou eu ainda. Sei que se toma à esquerda e que é escuro e que se desiste de levar consigo qualquer coisa ou alguém. Parece um lugar de dormir, fica entre céu e terra, mas céu e terra tão próximos e apertados que só dá lugar deitado. É lá que se sonha, mas não sonho de poesia,*** nem sonhos de impossíveis nem sonhos de desejos não realizados – sonhos que são o modo mais profundo de olhar. Duros sonhos na verdade. Vai-se pela esquerda, embora seja menos que uma direção. Depois da primeira vez, torna-se vício.[48]

Aventura-se nesse lugar sem fronteiras, lá nessa reserva de imagens, seu vasto domínio mental, chamado imaginação, no qual escava "através do sentir-pensar que na verdade é sonho" (SV, 73). Mergulhada involunta-

---

* "Nada da imaginação voluntária dos profissionais. Sem temas, sem desenvolvimentos, sem construção, sem método."
** "Faz-se um esforço contínuo para se banalizar. O sonho, que parece engraçado, vem do fato de que o homem, dirigindo-se a si mesmo, não se constrange mais."
*** Palavra riscada no original.

riamente na escuridão do inconsciente: "Eu trabalho, eu elaboro muito inconscientemente, viu. Às vezes, penso que não estou fazendo nada, estou sentada numa cadeira e... E fico!... Nem eu mesma sei que estou fazendo alguma coisa. Aí, de repente vem uma frase".[49]

Recolhe o que sobe à superfície. Desde 1944, adota esse método de escrita: *Ne pas se forcer à penser; mais noter aussitôt chaque pensée qui se propose*,* escreve na sua caderneta onde encontramos palavras de Rimbaud, de Gide e outras citações cuja fonte não é indicada em razão deste hábito "imperdoável", segundo sua própria expressão, de omitir o nome do autor (DM, 266).

As palavras reconfortantes dos estrangeiros a sustentam, garantem a possibilidade de ir e de ser livre por poder contar com a sua presença protetora. É o que confessa a si mesma em outra língua e que traduz para si mais à frente, em português brasileiro, na caderneta das confidências inglesas: "Tinha, no entanto, que lutar contra sua tendência a divinizar o homem, tanto ela admirava o ~~ser humano~~** o homem em contraste com a mulher". O movimento do sim e do não. Sim, copia palavras de homens. Diz sim, ao mesmo tempo, opõe a eles um não, opõe-se a seus nomes sem nomeá-los. Volta ao sim quando, após um certo tempo – o de ir e o de ser livre –, regressa ao espaço das palavras-refúgio. Censura-se, então, quando põe a mão sobre papéis velhos em que copiou entre aspas frases de diversos autores, por não ter escrito seus nomes e por ter confiado somente em sua memória que ela sabe, porém, ser péssima.

Jamais fica muito tempo no mesmo lugar: vai, volta, vai novamente, move-se de suas palavras até as palavras dos outros e de uma língua para outra. Redige, em francês: *Une des grandes règles de l'art: ne pas s'attarder.**** Mas não são palavras dela, pois, em outro momento, acrescenta entre parênteses esta observação: "(Quem disse isso?)" Faz questão de não demorar. Nada de descanso. Vive sobre o *qui-vive*, vive alerta: "Sou uma desconfiada que está em trégua" (DM, 200).

Não se detém, não persiste. Esta afirmação é tirada de sua caderneta: *Dans l'œuvre d'art, chaque trait doit surgir seulement une fois: sinon ce sera l'œuvre d'art pensée par l'auteur. Et non la chose en soi.***** É o sopro criador. Cita poetas:

---

* "Não fazer esforço para pensar; mas anotar logo cada pensamento que se oferece."
** Palavras riscadas no original.
*** "Uma das grandes regras da arte: não se demorar."
**** "Na obra de arte, cada traço tem que surgir uma vez só; senão será a obra de arte pensada pelo autor. E não a coisa em si."

Eu creio na inspiração e creio no trabalho. Paul Valéry disse que os dois primeiros versos são dados pelos deuses e o resto é trabalho humano. Às vezes acordo no meio da noite com uma frase na cabeça, levanto-me, anoto-a e volto a dormir. Carlos Drummond de Andrade me disse uma vez que Manuel Bandeira não sei se escreveu ou disse que até para atravessar a rua no momento certo é preciso inspiração. Às vezes escrevo de um jato, às vezes lenta e progressivamente.[50]

Eis o conselho dado ao amigo Autran Dourado, que deseja adiar o momento de escrever sobre um assunto que o afeta dolorosamente: "Você deve escrever em cima, enquanto está quente. É assim que eu escrevo. Eu não me poupo. Eu não retardo. Sai quase espontâneo".[51] Acontece de Clarice acordar durante a noite para copiar uma frase elaborada pelo seu inconsciente. Se está num táxi e uma ideia vem de repente, escreve-a com a mão trêmula em um pedaço de papel. A inspiração pode surgir enquanto assiste a um filme de terror; então, anota no escuro. Assinala incontinente seus sopros.

Sherazade

Escrever de uma só vez: nostalgia da unidade? O texto se torna, então, uma montagem de todos os jatos nascidos no instante. Clarice Lispector afirma jamais reescrever seus textos, nem os reler uma vez publicados, salvo algumas exceções: teria escrito 11 versões para o seu romance *A maçã no escuro*, em sua opinião, o mais estruturado dos seus livros.[52]

Adota um comportamento similar em seu trabalho de tradutora. Intuitiva e inspirada, não fica em cima do texto. Conta ter descoberto uma maneira de não se aborrecer: não lê jamais o livro antes de traduzi-lo. Animada pela curiosidade de conhecer, por exemplo, quem é o criminoso de um dos policiais ingleses do qual era encarregada de realizar a versão para o português, lê e depois traduz cada frase sucessivamente, às pressas, mal suportando a "tensão da curiosidade".[53] Aspiração e inspiração. Tem necessidade de se confrontar com as palavras dos outros, as línguas dos outros. Tem fome de estimulação, pois um "escritor é uma pessoa que se cansa muito, e que termina com um pouco de náusea de si, já que o contato íntimo consigo próprio é por força prolongado demais".

O *I Ching*, livro antigo de sabedoria e adivinhação chinesa, nutria-a. Costumava consultá-lo, como atestam os desenhos de hexagramas encontrados entre seus manuscritos. Perto da virada do ano, tinha o hábito de interrogar o oráculo: "Que atitude devo tomar em 1976? Que é que me espera nesse ano?"; "Terei *sublimity*,* ousadia, perseverança?"; "Como devo fazer meu livro?"; "Posso escrever só para mim?"; "Como me renovar?"; "Que é que devo fazer?"; "Que mudança vai haver em minha vida?"; "Vou ficar assim para o resto de minha vida?" O *I Ching* confirma a necessidade de se inspirar dos escritos dos outros. Em resposta à pergunta "Que estilo usar?", recebe este julgamento que parafraseia em certas horas: "Escuro, primitivo, implorante. Se tentar liderar, ela se perde. Mas se segue alguém, acha um guia. É favorável achar amigos (literatura alheia inspirando). A perseverança silenciosa traz boa sorte. Dar beleza e esplendor, assim prospera tudo o que vive. Ação conforme a situação. Não estou numa posição independente: atuo como assistente. Isto quer dizer que eu tenho que realizar alguma coisa. Não é sua tarefa (querer) liderar – mas, sim, deixar-se guiar. Se aceita encontra o destino, '*fate*',** com aceitação encontrará o verdadeiro guia.

---

* Em inglês no fragmento. Não publicado no texto. (EPR, 58)
** Em inglês no fragmento.

Busca sua intimação no '*fate*'.* Preciso de amigos e auxílio quando as ideias estão enraizadas".

Vivificada pela sua paixão por Georges Simenon, utiliza uma expressão do comissário Maigret, *agacer le plaisir de dormir*, que transporta para o português brasileiro a fim de revigorá-la: "E agucei – como traduzi *agacer* – o prazer de ter uma cama" (DM, 190). Retorno de palavras de uma língua diferente – *fate*, *sublimity* – para aguçar o prazer de despertar. Acordar, os olhos descansados, junto ao corpo de sua própria língua.

Pede conselhos a amigos escritores ou críticos. De Washington, envia a um deles seu manuscrito de *A maçã no escuro*, ainda sem título, em 1956. Fernando Sabino justifica as modificações sugeridas em uma carta anterior:

> São apenas andaimes, que podem ter ajudado a concepção do livro, mas que devem ser retirados, obra acabada – e neles incluo o "prefácio" e o uso excessivo da primeira pessoa (onde assinalei). Não acho de grande importância para o livro as alterações sugeridas. Exatamente por isso é que me parece que não custava nada fazê-las.[54]

Cinco anos mais tarde, publica seu livro sem prefácio e sem abuso de primeira pessoa. Seguiu os conselhos do amigo que a influenciou também na escolha do título do romance, se julgarmos pela sequência de sua carta:

> O título de seu livro: pensei, pensei, pensei, só me veio também ideia maluca. Na sua carta, há uma frase assim: "e melhor é não precipitar a publicação, provavelmente as transformações poderão ser feitas citando página e linha". O seu T minúsculo parece maiúsculo de modo que no primeiro momento me pareceu que você estava chamando o livro de *Transformações* [...] *A maçã no escuro* ainda é o melhor que me ocorre, apesar de meio natureza-morta e, portanto, pouco comercial – como diria o editor.

A Portrait of the Artist as a Young Man, de James Joyce, insuflou em Clarice o título de seu primeiro romance. Como epígrafe para *Perto do coração selvagem*, esta frase do escritor irlandês: *He was alone. He was unheeded, happy and near to the wild heart of life.*[55] Mais tarde, dirige-se a José Américo Motta Pessanha, professor de filosofia, a fim de conhecer sua opinião sobre o que ainda não se intitulava *Água viva*, mas *Objeto Gritante*. O amigo responde:

---

* Em inglês no fragmento.

Queria lhe dizer coisas úteis, boas, próprias. "Amigo é para essas horas." Não sei se estou conseguindo. Queria também dizer coisas mais objetivas – como, por exemplo, se deve ou não publicar o livro. Olha, é um risco – você mesma sente e por isso teme e pede a minha opinião. Mas – e daí? Por que não correr o risco?[56]

Lança finalmente *Água viva,* texto-junção no conjunto de sua obra. Espera três anos antes de se decidir a publicar essa ficção, a propósito da qual declarou: "O livro não será publicado. Não atingiu seu objetivo". [57] Ao que parece, o romance foi boicotado pelo *Jornal do Brasil*, que havia demitido Clarice das suas funções de cronista. Sentia a injustiça da qual tinha sido vítima na ocasião do lançamento do livro? Numa carta, pede a opinião do escritor Álvaro Manuel Machado, então consultor literário na Gallimard, que tinha recomendado à editora parisiense *A maçã no escuro*, surgido em francês três anos antes. Considerando *Água viva* uma obra "genialmente falhada", seu remetente interroga-a sobre a função de crítico que ela o convida momentaneamente a desempenhar: "Para que estar fora aqui a dizer-lhe coisas que você, no fundo, sabe melhor do que eu?"[58]

Por quê? Clarice se lembra de seu apego a um menino que a socorreu durante um teste que avaliava a inteligência dos mais dotados entre os alunos do primeiro ano da escola João Barbalho, de Recife:

> Eu, apesar de alegre, era muito chorona, e comecei a soluçar baixinho. Leopoldo imediatamente passou a me consolar, a explicar que não era nada. Inútil: eu era a culpada nata, aquela que nasceu com o pecado original. [...] Leopoldo – além de meu pai, foi o meu primeiro protetor masculino, e tão bem o fez que me deixou para o resto da vida aceitando e querendo a proteção masculina – Leopoldo mandou eu me acalmar, ler as perguntas e responder o que soubesse. (DM, 40)

Que idade tem então? A de ler e escrever. Sete anos? A idade em que resolve pertencer ao português brasileiro, essa coisa viva personificada pela Voz, reconfortante e protetora antes de ser feminina, masculina ou articulada:

> De novo, Ulisses a ajudara, sobretudo com o tom de sua voz que era muito rica em inflexões. E Lóri pensou que talvez essa fosse uma das experiências humanas e animais mais importantes: a de pedir mudamente socorro e mudamente esse socorro ser dado. Pois, apesar das palavras trocadas, fora mudamente que ele a havia ajudado. (ALP, 135)

Sustentada, antes de tudo, pelas vibrações do som. Antes do sentido. Salva pela Voz. Transmissão do som para impedir a morte, falar para se salvar. Desde a infância, vive de uma aspiração pela palavra infinita: antes de aprender a ler e escrever, já inventa histórias sem fim. Sherazade luta freneticamente contra a morte. Suas histórias não terminam: traços contínuos abrem e fecham *A paixão segundo G.H.*; *Uma aprendizagem ou O livro dos prazeres* começa por uma vírgula e termina com dois pontos. Quanto a *Água viva*, aventura fluida, a vontade de permanecer não se exprime mais apenas pela pontuação, mas de forma explícita. Basta ler a última frase dessa água viva: "O que te escrevo continua e estou enfeitiçada". Eis uma indicação manuscrita a propósito de sua última ficção, que será publicada após sua morte: *Terminar assim*: "Eu... eu... não. Não posso acabar".[59] A essas palavras acrescenta: "Eu acho que..." (SV, 162). Suspensão. Vivencia, em tudo, a sensação de nunca acabar. Traduzindo, por exemplo, corre-se "o risco de não parar nunca: quanto mais se revê, mais se tem que mexer e remexer nos diálogos".[60] Traduzir/repetir/relatar a voz do outro:

> E a exaustiva leitura da peça em voz alta para podermos sentir como soam os diálogos? [...] Como se não bastasse, cada personagem tem uma "entonação" própria e para isso precisamos das palavras e do tom apropriados.

Narradora das mil e uma noites, conta "A quinta história" que poderia se intitular "As estátuas", ou ainda "O assassinato" e "Como matar baratas". Se lhe fossem dadas "mil e uma noites", faria de uma história mil e uma narrativas, fragmentos do mesmo espelho clareando a longa noite da alma. Já Joana, que poderia se chamar Clarice e Sherazade, experimentava seus poderes de evocação com as colegas de classe. Do silêncio em que se escondia, saía para a luta:

> – Olhem aquele homem... Toma café com leite de manhã, bem devagar, molhando o pão na xícara, deixando escorrer, mordendo-o, levantando-se depois pesado, triste [...]. Elas chegavam a ver o homem se levantando da mesa... A xícara vazia... Algumas moscas... Joana continuava a ganhar tempo, a avançar, os olhos acesos [...]. (PCS, 137)

Adulta, Clarice encantará principalmente com seus contos. Fernando Sabino passa uma noite em claro lendo-os. Fica maravilhado:

> Mas você fez oito contos como ninguém nem longinquamente conseguiu fazer no Brasil. Você está escrevendo como ninguém – você está dizendo o

que ninguém buscou dizer. Me desculpe o entusiasmo muito pouco ao seu jeito, mas não é possível deixar por menos. Tive momentos de verdadeira vibração cívica ainda há pouco, lendo seus contos. Minha intenção era ler um apenas e deixar os outros para amanhã, que já era muito tarde. Comecei pelo das rosas e passei ao da mensagem e fui lendo, não resisti. Li em voz alta, para mim mesmo, o da portuguesinha, que pena Mário de Andrade já ter morrido! E como ele perdeu tempo![61]

Rubem Braga, abalado pelos talentos da contista, escreve-lhe, alguns anos mais tarde, a respeito dos mesmos contos:

> Acabo de ler agora os nove contos que não conhecia; você não imagina como gostei; saio meio crispado da leitura. É engraçado como tendo um jeito tão diferente de sentir as coisas (você pega mil ondas que eu não capto, eu me sinto como rádio vagabundo, de galena, só pegando a estação da esquina e você de radar, televisão, ondas curtas), é engraçado como você me atinge e me enriquece ao mesmo tempo que faz um certo mal, me faz sentir menos sólido e seguro. Leio o que você escreve com verdadeira emoção e não resisto a lhe dizer muito e muito obrigado por causa disso.[62]

Cativados pelas histórias de Lispector, os reis sucumbem ao poder da sua palavra, quase fulminados, como escreve Fernando Sabino:

> A primeira sensação foi de desânimo. Ora, eis que estou empenhado em escrever um romance importantíssimo para mim, mas impiedosamente limitado como realização artística e – o que é pior – desgraçadamente penoso de ser escrito. E me vem você com esses contos, dizendo como quem não quer nada tudo aquilo que se pretenderia dizer um dia num terceiro ou quarto romance, enfim liberto, enfim realizado, enfim obra de arte além do que a gente é e do que é capaz. Você, de certo modo, me dispensa de escrever. Resta o consolo de pensar que se eu fosse capaz de dizer o indizível, como você, eu teria a dizer certas coisas que você ainda não disse. Mas que, tudo indica, ainda vai dizer. E me limito a ficar esperando.[63]

Contar perpetuamente. Entre duas histórias, no vazio do intervalo, traduzir a dos outros para se salvar. Clarice morre quando não escreve. Atingida pela compulsão de dizer, no dia mesmo de sua morte, ainda fala de seus pensamentos-sentimentos: "Terei de morrer senão minhas pétalas se crestariam. É por isso que me dou à morte todos os dias. Morro e renasço" (EPR, 61).

A contista real de ouvidos ávidos de Voz tem, desde a infância, uma atitude compulsiva: "Minha mãe era doente. Então todas as atenções eram para ela. Eu vivia atrás da empregada pedindo: 'Conta a história! Conta a história!'" "Já contei", respondia a empregada. "Repete! Repete!",[64] obstinava-se a fênix que desde uma de suas mortes, em 1977, vibra na "noite obscura e eterna" (EPR, 62).

A construção do templo

– *O fogo queimando em ti*
– *O fogo do corpo chama-se vida e constrói.*
A febre destrói.
É o mesmo fogo, mas que ultrapassou a medida.
Teu coração bate setenta vezes, sete vezes dez.
O SETE É O RITMO DO HOMEM.
A ferida mais profunda se cura em sete dias
se o destruidor não estiver por perto.

Diálogos com o anjo

Literatura para mim é o modo como os outros chamam o que nós fazemos.

Clarice Lispector
"Literatura de vanguarda no Brasil"

Há verdades que nem a Deus eu contei. E nem a mim mesma. Sou um segredo fechado a sete chaves. Por favor me poupem. Estou tão só. Eu e meus rituais.

Clarice Lispector
Visão do esplendor

Entrada no templo

Por que escrevia? Pergunta a uma quiromante qual o significado de um sinal que havia notado na palma da mão. "Fatalidade", responde a senhora. Fatalidade da escrita, pensa logo Clarice Lispector.[1] Paixão. Trinta e três anos de uma história de amor pela escrita escoam de 1944, data da publicação de *Perto do coração selvagem*, até 1977, ano da morte de Clarice e da publicação de *A hora da estrela*.

Sete romances: *Perto do coração selvagem* (1944), *O lustre* (1946), *A cidade sitiada* (1949), *A maçã no escuro* (1961), *A paixão segundo G.H.* (1964), *Uma aprendizagem ou O livro dos prazeres* (1969), *A hora da estrela* (1977). E a prosa *Água viva* (1973), antes do último romance, antes da hora final da estrela. Clarice lança também, além de um livro de entrevistas com personalidades brasileiras e quatro contos para crianças, sete coletâneas de contos e de textos curtos: *Alguns contos* (1952), primeira edição de seis contos incluídos em *Laços de família* (1960); *A legião estrangeira* (1964); *Felicidade clandestina* (1971), reunindo contos e textos, em sua maioria, publicados em livros anteriores ou sob forma de crônicas no *Jornal do Brasil*; *Onde estivestes de noite* e *A via crucis do corpo* (1974); e *Visão do esplendor* (1975).[2]

Um sopro de vida (1978) é publicado depois de seu falecimento, ocorrido no último dia de seus 57 anos. Em 1977, escreve, sob encomenda, o texto de apresentação de um calendário da Caixa Econômica Federal:

> Eu vos afianço que 1978 é o verdadeiro ano cabalístico, / pois a soma final de suas unidades é sete.* Portanto mandei lustrar os Instantes do Tempo, / rebrilhar as Estrelas, lavar a lua com leite e o sol com ouro líquido. Cada ano que se inicia, começo eu a viver.

O sete estaria no coração dos números secretos daquela que, aos sete anos, já contava histórias que enfeitiçam? "Mas nove e sete e oito são os meus números secretos. Sou uma iniciada sem seita. Ávida do mistério. Minha paixão pelo âmago dos números, nos quais adivinho o cerne de seu próprio destino rígido e fatal." (AV, 38) Por que essa insistência? "Meu número é nove. É sete. É oito. Tudo atrás do pensamento. Se tudo isso existe, então eu sou." (AV, 53) O sete: símbolo universal do espaço-tempo em movimento e, para os hebreus, da totalidade humana; metáfora do eu que é: "A escritora falida abriu o seu diário encadernado de couro vermelho e começou a anotar assim: '7 de julho de 1974. Eu, eu, eu, eu, eu, eu, eu! [...]'" (OEN, 69). Sete vezes eu, dia sete do 7º mês de 1974, no único texto em que aparece justamente à queima-roupa um personagem judeu e a Torá. A ação mágica do sete, conjugada à força da palavra "eu", "secreta e cabalística",[3] poderia permitir ao escritor frustrado obter o sucesso. Palavra + número = magia. Maléfica ou benéfica? Ao mesmo tempo do bem e do mal, Clarice sendo "essencialmente uma contraditória" (SV, 154): ora bebe "um gole de sangue" (AV, 49) – magia maléfica –, ora sete goles de água salgada das ondas "*Agnus Dei*" – magia benéfica (VE, 31). Simples questão de vontade, basta que eu escolha: "O sétimo sentido é querer. E (que) é inefável".[4] As palavras produzidas pelo escritor agem: "A ação – eis o que o mágico visa! O mágico pretende substituir a lei, seja em benefício próprio, seja em benefício de quem o contrata e o paga". "Eu não existiria se não houvesse as palavras" (SV, 82).

Em proveito do eu, Clarice escreve, infringindo a lei: "Quando a gente escreve ou pinta ou canta a gente transgride uma lei. Não sei se é a lei do silêncio que deve ser mantida diante das coisas sacrossantas e diabólicas" (SV, 153).

---

* É o que se chama na linguagem esotérica uma adição teosófica: $1 + 9 + 7 + 8 = 25 (2 + 5) = 7$.

Por vontade do Autor todo-poderoso, cria a golpes de palavras mágicas sete personagens no seu sétimo romance: "A história – determino com falso livre arbítrio – vai ter uns sete personagens e eu sou um dos mais importantes deles, é claro" (HE, 17). Falso livre arbítrio também, o número oculto de Ângela Pralini? Sete fôlegos de gato. O número sete acompanhava-a, era o seu segredo, a sua força. "[...] as sete letras de Pralini davam-lhe força. As seis letras de Ângela tornavam-na anônima." (OEN, 38, 42) O algarismo sete corresponde ao número de letras do sobrenome do personagem e aparece em sua idade – Ângela Pralini tem 37 anos – e na da senhora de 77 anos, encontrada em um trem. Confiam uma à outra a idade às 7 horas da manhã. Ângela, que aguentava beber de "seis a sete" copos de *whisky*, tinha perdido também sete quilos. E Clarice? Emagrecer sete quilos faz parte de um plano de ação da mesma forma que seu trabalho de escrita:

1. Não pensar com pessimismo no futuro.
2. Só atravessar a ponte quando chegar a hora.
3. Emagrecer sete quilos.
4. Roupas boas e variadas.
5. Paulatinamente fazer o livro* sem pressa.
6. Apaixonar-me pelo livro.
7. Aprofundar as frases, renová-las.
8. O autor fala, em vez de "Deus" outra entidade escuridão.
9. Só Ângela fala em Deus.
10. Não deixar *personne me donez* [sic] *des ordres.**
11. Ser tranquila comigo mesma.
12. Não achar que uma situação é irremediável.
13. Em todas as frases um clímax.

Por que foram retirados os terceiro e quarto pontos dessa lista publicada em *Esboço para um possível retrato*, de Olga Borelli (EPR, 33)? Desejar perder sete quilos ou querer comprar roupas não têm lugar na programação de vida de um escritor? "Quem disse que os grandes homens não comem bombons? Só que nas biografias ninguém se lembra de contar isso." (PC, 118)

Ela podia exigir de sua secretária que datilografava os textos: "Conta sete, dá sete espaços para teu parágrafo, sete. Depois, tenta não passar da página 13". Olga Borelli dá seu testemunho:

---

* *Um sopro de vida.*
* Em francês no original.

Quando era um conto, dizia: "Aperta. Dê pouco espaço para não passar da página 13." Ela gostava muito do número nove, do sete, do cinco. É uma coisa meio estranha, essa em Clarice, mas ela pedia ao editor que não ultrapassasse o número x de páginas, que terminasse o livro naquele ponto. É meio cabalístico, não é? Ela tinha muito disso.[5]

Lispector era fascinada pelo aspecto esotérico dos números tanto quanto por seu caráter exotérico, fundamento das matemáticas. O personagem Autor de *Um sopro de vida*, que possui sete cavalos puro-sangue, admite nunca ter tido "vocação para escrever", mas é atraído pelos números desde a infância (SV, 76). A narradora de *Água viva* tenta escrever "a irradiação matemática das coisas", verdade impalpável do mundo.

Clarice nos propõe uma chave para captar como, para ela, o informe toma forma: "Escrevo como se somam três algarismos. A matemática da existência" (EPR, 65). Acumula frases, registra tudo que provém dos mundos visível e invisível, depois acrescenta uma nota a outra. Desde seu primeiro romance, assim funciona. Sob a aparente desordem, uma ordem profunda: "Minha anarquia obedece subterraneamente a uma lei onde lido oculta com astronomia, matemática e mecânica" (AV, 49). A ordem da criação, a dos sons musicais, em que somente "com sete notas musicais fazem-se todas as músicas que existem e que existiam e que existirão" (OEN, 66). A ordem da totalidade: os sete dias da criação ou a plenitude de sete romances.

Perto do coração selvagem (1944): As fundações do templo

Se os sete anos marcam, para Clarice Lispector, as origens de sua recriação do mundo, os 17 fixariam a gênese desta sua obra, ao menos no espírito de seus leitores, já que declara ter escrito *Perto do coração selvagem* nessa idade. Estima-se, a partir do que ela deixava entender, que teria nascido em 1925. No entanto, na sua certidão de nascimento, assinada no Rio por seu pai Pedro, em 16 de setembro de 1939, menos de um ano antes da morte deste e no mesmo em que inicia seus estudos na Faculdade de Direito, lê-se: "Clarice Lispector, nascida na Rússia, na cidade de Tchetchelnik no dia 10 de dezembro de 1920".[6] Portanto, teria escrito seu primeiro romance aos 22 anos.

Nesse espaço de uma década, símbolo da criação universal, segundo os pitagóricos, amadureceu o primeiro de seus sete romances. Ela volta à unidade depois do fechamento do ciclo de sua infância e renasce em Joana.

Perto do coração selvagem carrega, de modo embrionário, todos os seus outros textos. É o *cadinho*, o conjunto das manifestações futuras, o *um* contendo todos os possíveis. A intuitiva Joana entoa "tudo é um, tudo é um", e do caos jorra a expressão de forma indefinida: "Parecia-lhe que, se ordenasse e explicasse claramente o que sentira, teria destruído a essência de 'tudo é um'" (PCS, 40).

A sensação, sem divisões formais, prevalece:

> Todo o seu corpo e sua alma perdiam os limites, misturavam-se, fundiam-se num só caos, suave e amorfo, lento e de movimentos vagos como matéria simplesmente viva. Era a renovação perfeita, a criação. (PSC, 94)

Hegemonia criadora e confusão inovadora:

> Porque tudo segue o caminho da inspiração. [...] Brincar, inventar, seguir a formiga até o formigueiro, misturar água com cal para ver o resultado, eis o que se faz quando se é pequeno e quando se é grande. [...] Seguindo a inspiração, misturou ingredientes, criou combinações. (PCS, 114)

Perto do coração selvagem é a casa das formigas. A exploração das numerosas galerias do formigueiro, desde a sua inauguração em 1944 no Brasil, desnorteou muitos: é que elas não pareciam se comunicar entre si e surgiam, segundo as normas de construção da época, como uma habitação imperfeita. Após ter lido o romance duas vezes, o respeitado crítico Álvaro Lins fica com a impressão de que se trata de uma obra de ficção de estrutura "incompleta e inacabada". "Sentimos que ela ficou embaraçada, perdida no seu próprio labirinto", acrescenta ele, e "a partir da segunda parte, já não sabe como acabar o livro."[7]

Há unanimidade, porém, diante da força da formiga: a crítica admite a originalidade de sua visão, o poder de suas imagens, a profundidade da perfuração, enfim, a performance. Naturalmente, a crítica é pródiga em apontar influências: comparam-na a James Joyce e Virginia Woolf. Prometem a essa moça, recém-saída da adolescência, um futuro brilhante nas letras brasileiras. Quando *Perto do coração selvagem* é publicado, por intermédio de um acordo com o jornal para o qual Clarice colaborava na época, faz sucesso de crítica. Ela não esperava por isso, pois seu manuscrito fora recusado pelo editor a quem havia enviado: "Ao publicar o livro, eu já programara para mim uma dura vida de escritora, obscura e difícil; a circunstância de falarem de meu livro me roubou o prazer desse sofrimento profissional".[8] Os mil exemplares da primeira edição se esgotam rapidamente. Tem "a impressão de que os leitores que gostaram de *Perto do coração selvagem* haviam sido enganados [por ela]". Sente-se "deprimida" como depois de uma longa conversa em que tivesse falado demais. Duzentas páginas de palavras e o sentimento de ter mentido dizendo a verdade. Joana, debruçada sobre seu amante, implora:

> Você sabe que eu não minto, que nunca minto, mesmo quando... Mesmo sempre? Sente? diga, diga. O resto então não importaria, nada importaria [...]. Quando digo essas coisas [...] essas coisas loucas, quando não quero saber de seu passado e não quero contar sobre mim, quando eu invento palavras... Quando eu minto, você sente que eu não minto? (PCS, 160)

A partir desse romance, Clarice acredita representar seu próprio personagem, e isto se dá até o fim. Antes de morrer, na cama do hospital, dirige estas palavras ao médico: "Matou a minha personagem".[9] Mente tanto que escreve como o Autor de *Um sopro de vida*. Clarice se identifica com Ermelinda, um dos personagens de seu quarto romance; explica, ao falar dela, que "no momento em que mais queria ser ela própria – com aquela individualidade idealizada que os anos haviam criado para si mesma – nesse momento sua personalidade inteira ruiu como se não fosse verdadeira, e, no entanto, era, pois essa personalidade inventada seria o máximo dela mesma" (ME, 124).

Clarice tenta conciliar os contrários: "Mente-se e cai-se na verdade" (PCS, 15). Conhece a realidade do paradoxo: "Oh, sabia igualmente que a verdade poderia estar no contrário do que pensara" (PCS, 104). A união dos opostos se torna um recurso estilístico. Joana acaba assim sendo "tristemente uma mulher feliz". Clarice casou o racional Otávio com a sensitiva Joana. Transcreve, em um de seus cadernos de notas, o comentário do editor da primeira tradução francesa de *Perto do coração selvagem*:

> Quando perguntei o que ele achava de ruim (+/- isso), respondeu: o que o surpreendeu é certa tendência a me tornar cerebral. (Um romancista não pode ser inteligente), quando tudo no romance é de uma *femme passionnée*.* E quando teve comigo a briga por carta, confirmou-se o lado *passionné**. Quando viu o meu retrato, confirmou-se de novo. E me vendo agora confirmou-se de novo. "Por que essa parte cerebral de que não preciso?" disse ele. Um romancista não deve ser inteligente, senão para refazer o livro. Matisse refazia sete, oito vezes uma tela.[10]

Essa parte cerebral é encarnada por Otávio, meio atrapalhado com a redação de um estudo filosófico; prova disso é seu longo monólogo interior ao qual se enxertam várias afirmações teóricas, reveladoras de uma certa afinidade de Clarice com a concepção de mundo segundo Spinoza. Será que a crença do filósofo holandês na unidade da substância infinita não se aproxima do monismo ao qual adere Joana quando escande seu "tudo é um"? As racionalizações de Otávio poderiam não ter sido escritas? As intuições de Joana seriam suficientes para expor uma visão do mundo como totalidade, redutível à unidade? O saber pré-racional de Joana:

> Na confusão, ela era a própria verdade inconscientemente, o que talvez desse mais poder-de-vida do que conhecê-la. A essa verdade que, mesmo revelada, Joana não poderia usar porque não formava o seu caule, mas a raiz, prendendo seu corpo a tudo o que não era mais seu, imponderável, impalpável. (PCS, 40)

Joana, em 1944, ou Ângela, trinta anos depois, são iluminadas muito mais pelo desconhecido do que pelo conhecido:

> Ela atingiu um êxtase ao perder a multiplicidade ilusória das coisas do mundo e ao passar a sentir tudo como uno. É alguma coisa que é alimentada nas raízes plantadas na escuridão da alma e sobe até atingir uma "consciência" que no fundo é luz sobrenatural e milagre. (SV, 141)

---

* Em francês no texto.

De Joana a Ângela, desenrolam-se os movimentos cíclicos da esfera das manifestações de Clarice, círculos de vida que se abrem e se fecham, textos animados em torno do coração selvagem, centro infinito. Sobre a circunferência, a cobra morde o rabo, e Joana, apelidada de víbora por sua tia, pressente a lei dos recomeços no perpétuo devir da humanidade:

> Há qualquer coisa que roda comigo, roda, roda, me atordoa, e me deposita tranquilamente no mesmo lugar. [...] O turbilhão rodava, rodava, e ela era recolocada no início do caminho. [...] Agora de novo um círculo de vida que se fechava. (PCS, 139, 179)

Em *Água viva*, essa intuição do círculo se transformará em vontade. À imagem de uma circunferência, o romance pode ser lido a partir de qualquer ponto sobre sua superfície e, assim, nos ligar a seu centro: "Sim, quero a palavra última que também se confunde com a parte intangível do real" (AV, 14). *Perto do coração selvagem* exterioriza, no círculo, o centro da existência móvel de Joana, cujos fatos de vida se encontram a uma distância igual do coração dela. O que Joana adivinha através da voz de "a mulher da voz" corresponde à maneira pela qual Clarice nos apresenta a personagem e os movimentos concêntricos dos episódios de seu destino: "Aconteciam-lhe coisas. Mas apenas vinham adensar ou enfraquecer o murmúrio do seu centro. Por que contar fatos e detalhes se nenhum a dominava afinal? E se ela era apenas a vida que corria em seu corpo sem cessar?" (PCS, 70)

Joana, ponto central do texto, sujeito todo-poderoso: "Tudo o que não sou não pode me interessar" (PCS, 14). Dela irradiam, fora do tempo cronológico, os 19 capítulos* de sua vida como uma extensão dela mesma, ponto desenvolvido sobre o círculo. Dezenove raios sustentam a roda da existência de Joana. O movimento dessa roda da fortuna é representado ora pela alternância, na primeira parte, de um capítulo sobre o passado de Joana e de outro sobre sua vida adulta; ora na segunda parte, pela circularidade dos dez capítulos que se fecham sobre si mesmos e, depois, inauguram outro ciclo de vida. Assim, forma-se a espiral evolutiva do sujeito Joana em seu vir a ser.

---

* A soma dos dois algarismos (1 + 9) que compõem o número de capítulos de *Perto do coração selvagem* é igual a 10. O dez nos leva novamente à totalidade, ao retorno à unidade após o fechamento do ciclo. Assim, o décimo e último capítulo da segunda parte de *Perto do coração selvagem* se intitula "A viagem"; mostra-nos Joana ao cabo de outro círculo de vida, sozinha em um barco, "forte e bela como um jovem cavalo".

Nove capítulos compõem a primeira parte de *Perto do coração selvagem*: esse número simboliza o fim da infância de Joana e o prenúncio de um recomeço, a segunda parte, que começa com "O casamento". O nove representa o tempo do ciclo da infância ou do nascimento: Clarice escreveu *Perto do coração selvagem* em nove meses, "como uma gravidez". Conta ter se fechado em um hotel durante nove dias para organizar seu sexto romance, *Uma aprendizagem ou O livro dos prazeres*, e ter composto, aos nove anos, uma peça de teatro, uma história de amor em três atos.[11] Ela morre no nono dia do mês de dezembro.

O número, enquanto qualidade, está oculto em seu primeiro romance, mas a autora recorre a ele no plano estilístico. Utiliza a repetição de palavras, sintagmas ou frases sobre uma mesma página, duas, três, quatro e, às vezes, cinco vezes. Emprega também tríades, três adjetivos alinhados, por exemplo – "estrelas grossas, sérias e brilhantes" (PCS, 60) –, e a estrutura ternária, a triplicação sintática ou rítmica, que se liga, no excerto seguinte, a uma tríade de substantivos: "Eu toda nado, flutuo, atravesso o que existe com os nervos, nada sou senão um desejo, a raiva, a vaguidão, impalpável como a energia" (PCS, 136).

Experimenta o poder do número e escreve, no fim da vida, estas duas frases isoladas sobre uma página de jornal rasgada, em que aparece uma lista das diversas contribuições de pesquisadores brasileiros: "Um modo de cair em êxtase. Se eu leio isso três vezes em seguida caio em êxtase" (EPR, 35). O poder do três está em sua obra desde o primeiro romance, por meio de Joana, que, antes da sua comunhão com as estrelas, sai do banho e "desliza pelo corredor – a longa garganta vermelha e escura e discreta por onde afundará no bojo, no tudo. Tudo, tudo, repete misteriosamente" (PCS, 60). Efeito mágico tanto do sete como do três? "Espírito, espírito, espírito, espírito, espírito, espírito, espírito." (EPR, 77) A cabala, que nos transporta às origens judaicas de Clarice, privilegia a lei do ternário, mais fácil, é claro, de adotar na escrita que a repetição de sete vezes. Será nessa "cabala" hebraica que a narradora de *Água viva* revela ter entrado?[12]

A força invisível do número cria formas geométricas. O três evoca o triângulo. Em *Perto do coração selvagem*, fazem-se e desfazem-se triângulos amorosos.[13] Triângulos de personagens, mas também trígonos mais ou menos perfeitos, formados pela triplicação de palavras sobre uma mesma página, triângulos cujos lados são recriados pela leitura. Polígonos de três lados ocultos. No fundo das pupilas de Joana, abrigam-se "os pensamentos alinhados em forma geométrica, um superpondo-se ao outro como um favo de mel" (PCS, 189). Tem uma visão espacial:

Os círculos eram mais perfeitos, menos trágicos, e não a tocavam o bastante. Círculo era trabalho de homem, acabado antes da morte, e nem Deus completá-lo-ia melhor. Enquanto linhas retas, finas, soltas – eram como pensamentos. (PCS, 40)

A narradora de *Água viva* percebe essa geometria da existência, pressentida por Joana: "Vivo a cerimônia da iniciação da palavra e meus gestos são hieráticos e triangulares" (AV, 21). Clarice a aplica voluntariamente na escrita de *Um sopro de vida*: "Quero escrever esquálido e estrutural como o resultado de esquadros, compassos e agudos ângulos de estreito enigmático triângulo" (SV, 14). Joana gosta das figuras e se pergunta: "Como nasceu um triângulo? antes em ideia? ou esta veio depois de executada a forma? um triângulo nasceria fatalmente?" (PCS, 164)

Quer possuir o tempo necessário para refletir na questão, "mas o amor a invadia. Triângulo, círculo, linhas retas... Harmônico e misterioso como um arpejo".

Clarice traça frequentemente sobre seus manuscritos estrelas de oito pontas, que formariam octógonos caso as pontas fossem ligadas. Essas estrelas se encontram no começo ou no fim de um fragmento, ou ainda entre frases e parágrafos.

✹

Desenha também o signo-salomão, estrela de seis pontas formada por dois triângulos entrecruzados.

✡

Pela inscrição deste emblema do judaísmo, reconecta-se simbolicamente com suas origens. Quanto a Joana, esta não deseja só "morder estrelas", mas "ser uma estrela". O sétimo romance de Lispector inclui no próprio título – *A hora da estrela* – essa meta original. Joana se identifica com a figura flamejante da estrela, justamente no sétimo capítulo do romance, considerado o melhor momento de *Perto do coração selvagem* (o sucesso prometido pelo número sete?): "Se o brilho das estrelas dói em mim, se é possível essa comunicação distante, é que alguma coisa quase semelhante a uma estrela tremula dentro de mim" (PCS, 62). Acordo cósmico de Joana com as estrelas, a chuva, a noite: intervalos de alegria, sensação de eternidade.

> Dentro de um vago e leve turbilhão, como uma rápida vertigem, veio-lhe a consciência do mundo, de sua própria vida, do passado aquém de seu nascimento, do futuro além de seu corpo. Sim, perdida como um ponto, um ponto sem dimensões, uma voz, um pensamento. Ela nascera, ela morreria, a terra [...]. (PCS, 128)

Astronomia, geometria, matemática e mecânica. Se, às vezes, Joana aflora pontas de estrelas, conhece o distanciamento astronômico entre as palavras e as coisas e o movimento que as equilibra, a fim de fazer funcionar a mecânica da escrita e da palavra:

> – Sim, eu sei, continuava Joana. A distância que separa os sentimentos das palavras. Já pensei nisso. E o mais curioso é que no momento em que tento falar não só não exprimo o que sinto como o que sinto se transforma lentamente no que eu digo. Ou pelo menos o que me faz agir não é, seguramente, o que eu sinto, mas o que eu digo. (PCS, 90)

Agrada a Joana esse movimento do pensamento e das palavras que se entrelaçam, à feição de um trançado de energia:

> Oh, havia muitos motivos de alegria, alegria sem riso, séria, profunda, fresca. Quando descobria coisas a respeito de si mesma exatamente no momento em que falava o pensamento correndo paralelo à palavra. (PCS, 41)

Joana tem a intuição da mobilidade essencial dos corpos no universo, do perpétuo devir das coisas e dos seres. É Otávio que repete três vezes esta frase de sua mulher: "[...] nada existe que escapa à transfiguração" (PCS, 172). Com a ajuda de Joana, que sente ou adivinha a realidade, Clarice chama nossa atenção para o segredo das formas:

> Então Joana compreendia subitamente que na sucessão encontrava-se o máximo de beleza, que o movimento explicava a forma – era tão alto e puro gritar: o movimento explica a forma! – e na sucessão também se encontrava a dor porque o corpo era mais lento que o movimento de continuidade ininterrupta. A imaginação apreendia e possuía o futuro do presente, enquanto

o corpo restava no começo do caminho, vivendo em outro ritmo, cego à experiência do espírito... (PCS, 38)

O movimento explica a forma de *Perto do coração selvagem*: assim como Joana, que "fechava as portas da sua consciência e se deixava agir ou falar" (PCS, 76), Lispector escreve seus fragmentos fora do tempo linear. O passado, o presente e o futuro se enlaçam no instante da notação. Também permuta bruscamente os pronomes pessoais: de uma narração em terceira pessoa, encontramo-nos subitamente no pensamento de um ou de outro de seus personagens, pois ela habita um de cada vez. Circula sem cessar.

Perto do coração selvagem: água de sonho acordado emergindo pela primeira vez. Joana, no banho "como no mar" (PCS, 59), começa sua longa jornada: "Cada vez mais afundava na região líquida, quieta e insondável, onde pairavam névoas vagas e frescas como as da madrugada" (PCS, 186); Clarice nos coloca, assim, na via da Virgínia de seu segundo romance, *O lustre* (1946), cujas palavras iniciais são: "Ela seria fluida durante toda a vida".

O lustre (1946): Iluminação do alicerce

Escrito no rastro do primeiro e publicado dois anos mais tarde, *O lustre* carece de brilho diante da fulguração de *Perto do coração selvagem*. Um segundo bom romance, mas sem repercussão, escondido por trás do primeiro, na sombra, apesar do "prazer enorme" sentido por Clarice no momento de sua criação.[14] Julga-o, no entanto, "triste". Redige o livro entre o Brasil e a Itália, onde escreve a última linha. A maior parte das notas foi coletada na América do Sul; depois, essas anotações foram reunidas na Europa, "nesses lugares áridos"; isso porque Clarice vive longe de suas duas irmãs que moram no Rio de Janeiro. (EPR, 118)

O contentamento imenso ao compor o segundo livro: prazer do duplo, procura da alma irmã. Virgínia tem um irmão, Daniel, com quem mantém uma relação privilegiada. Depois de Joana, ponto único e solitário no universo, Virgínia e Daniel, "dois pontos quietos e imóveis para sempre" (LU, 8), levantam a questão de ser dois.[15] O mistério do espelho: "Bastam dois, e um reflete o reflexo do que o outro refletiu" (AV, 93). Joana se vê primeiro nas estrelas e se surpreende no espelho; depois Virgínia anseia, o coração batendo de esperança, por se ver no espelho "sombriamente brilhante" (LU, 63). É a descoberta de si na alegria causada pela própria imagem. Daniel propõe a Virgínia constituir a Sociedade das Sombras: basta serem dois para fundar uma sociedade cuja divisa é a solidão. Duas solidões, o irmão e a irmã, que se compõem se contrapondo, pois essa sociedade "manda" que "vire tudo ao contrário" (LU, 51). É assim que, da costela de Virgínia, Clarice criou Daniel.

Bipolaridade do masculino e do feminino em Daniel e Virgínia e na relação afetiva desta com Vicente. Complementariedade homem/mulher e oposição do campo e da cidade, para onde Virgínia se dirige com o irmão; ali, encontra seu amante e, por fim, morre atropelada por um carro. Essa morte terá um duplo em *A hora da estrela*: a nordestina Macabéa, migrada para a cidade grande, também é atingida mortalmente por um automóvel.

O lustre: reflexo enfraquecido de *Perto do coração selvagem*. O título, apesar do seu significado, já nos remete a uma forma de empobrecimento de que Clarice é consciente. Comenta com Lúcio Cardoso:

> Me entristeceu um pouco você não gostar do título, *O Lustre*. Exatamente pelo que você não gostou, pela pobreza dele, é que eu gosto. Nunca consegui mesmo convencer você de que eu sou pobre [...]. Talvez você ache o título mansfieldeano porque você sabe que eu li ultimamente as cartas de Katherine. Mas acho que não. Para as mesmas palavras, dá-se essa ou aquela cor. Se

eu estivesse lendo então Proust alguém pensaria num lustre proustiano (meu Deus, ia escrevendo *proustituto!*) [...]. Se estivesse ouvindo Chopin, pensaria que meu lustre era um desses de grande salão, com bolinhas delicadas e transparentes, sacudidas pelos passos de moças doentes e tristes dançando. O diabo é que, naturalmente, eu venho sempre por último, de modo que eu sempre estou no que já está feito. Isso muitas vezes me deu certo desgosto.[16]

Lispector tenta captar a sombra do deslumbrante espelho das coisas. Numa lista de vinte pontos, visando à revisão do romance, impõe-se, entre outras coisas, a conter a reverberação e evitar qualquer similaridade de Virgínia com Joana:

> 1. Ler tirando o excesso de adjetivos brilhantes ("isso e isso", "isso e isso").
> 2. Ler tirando as palavras "modernas", as soluções modernas, os modismos, as repetições que indicam processos fáceis.
> [...]
> 5. Ler tirando o que parece com Joana.
> [...]
> 7. Tirar certo grandioso.
> 8. Modificar frases excessivamente ricas.
> [...]
> 10. Tirar o excesso do primeiro capítulo: o vento rodava sobre si mesmo... Fazer mais limpo, mais gideano.

Um texto contínuo – sem nenhum capítulo – grava a vida de Virgínia, "sim, sim, sim, como uma flor que forma conjunto com suas pétalas" (LU, 133) Como "a massa quieta e grossa" do mar, a superfície do romance é agitada pelas imagens claricenas, frescas feito "voz alegre como uma roupa a esvoaçar na corda" (LU, 63, 310). Um silêncio, para ela desolador, acolhe seu segundo romance:

> Recebi uma carta de Fernando Sabino, de Nova York, ele diz que não compreende o silêncio em torno do livro. Também não compreendo, porque acho que um crítico que elogiou um primeiro livro de um autor, tem quase por obrigação anotar pelo menos o segundo, destruindo-o ou aceitando. O terceiro é de que ele não precisa falar, se quiser. (EP, 115)

A cidade sitiada (1949) e a *Alguns contos* (1952): Olhar sobre o alicerce

O terceiro romance completa o triângulo de suas obras dos anos 1940. Clarice Lispector o redige na Suíça ao longo de três anos. Ter criado *A cidade sitiada*, um de seus livros menos apreciados, a "salvou da monotonia de Berna":

> Minha gratidão a este livro é enorme: o esforço de escrevê-lo me ocupava, salvava-me daquele silêncio aterrador das ruas de Berna, e quando terminei o último capítulo, fui para o hospital dar à luz o menino. (DM, 412)

Leva três anos para terminar o livro,* "o mais difícil de escrever".[17] Forma, com *O lustre*, a base de uma figura triangular do qual *Perto do coração selvagem* constitui o cume, a ponta irradiadora. Poderíamos receber essa geometria, ou música em três tempos, tomando como exemplo a qualidade da audição de Virgínia:

> O relógio do vizinho repentinamente tocado bateu três notas transparentes em três planos de sons, o primeiro alto e assustado, quase solidificando-a num começo de vigília, o segundo contendo-se entre o primeiro e o que viria, o último mais baixo apaziguando, apaziguando, cada um separado do outro e brilhantes como diamantes separados uns dos outros e brilhantes – só que as três notas eram líquidas e diamantes jamais temiam quebrar-se numa só confusão [...]. (LU, 94)

No relógio de Clarice, três sons de sino distintos. Após a potência vibratória do primeiro romance, o eco do segundo – *O lustre* – e o rumor do terceiro, toca o triângulo musical. Decrescendo? Como se, do primeiro ao terceiro, a intensidade diminuísse. Lucrécia Neves, personagem principal de *A cidade sitiada*, jamais terá a força de Joana, nem mesmo a de Virgínia. Desta vez, em nenhum momento, a narradora se identifica com a personagem central, a que Clarice dá vida na Suíça...[18] Encontramo-nos em um espaço-tempo determinado: a periferia de São Geraldo, Brasil, nos anos 1920. Não há perturbação alguma na cronologia, nem permuta de pronomes; a terceira pessoa é aqui privilegiada para descrever o processo da "formação de uma cidade, a formação de um ser humano dentro da cidade. Um subúrbio crescendo", motivação presente na origem do romance.[19] Sente dificuldade em escrever este terceiro romance, obra do exílio: "Eu estava perseguindo uma coisa e não tinha quem me dissesse o que é que estava perseguindo".[20]

---

* *A cidade sitiada* tem 12 capítulos, número cujos algarismos somam 3.

"Coitada da Clarice, ah, caiu muito", reflete o crítico Santiago Dantas, desapontado depois de uma primeira leitura. Relendo o texto, dois meses mais tarde, retrata-se: "É um de seus melhores livros", exclama. Ao contrário do que poderia ter pensado, a crítica não se calou a respeito do terceiro livro, rejeitado pelo editor de *O lustre*, mas parece perceber o interesse do romance *a posteriori*. Clarice sente necessidade, em entrevista ou em textos futuros, de justificar esse livro denso e hermético, segundo a própria autora. Um pouco da monotonia de Berna se introduz sub-repticiamente nele? Uma vez esquecido o tédio sentido na leitura inicial, atinge-se talvez uma parte desse "mistério da coisa" do qual afirma falar indiretamente em *A cidade sitiada* (SV, 102).

A superficialidade de Lucrécia conviria para dar conta da espécie de "integridade espiritual de um cavalo" (DM, 416). Sua falta de inteligência lhe permite perceber a realidade à maneira de um equino:

> Estava bruta, de pé, uma besta de carga ao sol. Essa era a espécie mais profunda de meditação de que era capaz. Bastava aliás refletir um pouco, e tornava-se impermeável, o olho sonolento como modo aberto de ver as coisas. (CS, 90)

Os cavalos que invadem o livro, como circulam na cidade em construção, assemelham-se a duplos inconscientes dos seres humanos pensantes. Joana já simbolizava essa força irracional. Os equinos também anunciam o lugar importante ocupado pelos animais na obra da escritora.

Graças a seu terceiro romance, essencial para o movimento de evolução de Clarice – por isso sua gratidão para com o livro –, ela integra uma maneira de encarar o real: faz com a imparcialidade de um animal que não distingue o belo do feio, a rosa da barata:

> Era um novo modo de ver; límpido, indubitável. Lucrécia Neves espiou uma laranja no prato. [...] O olhar não era descritivo, eram descritivas as posições das coisas. [...] As coisas pareciam só desejar: *aparecer* – e nada mais. "Eu vejo" – era apenas o que se podia dizer. (CS, 88)

Estabelece a junção entre a potência da visão de mundo e sua identidade criadora. Toma consciência da força do seu estilo, que se manifestava espontaneamente nos dois primeiros romances. Distancia-se de seu personagem principal e procura, talvez de forma resoluta demais, uma certa objetividade.

A crítica se mostra mais severa em relação ao livro. Se pôde apreender o caráter intencional, não discerniu os motivos profundos da autora, velados pelo que se chamou *a magia da sua frase*. Clarice comenta, vinte anos mais tarde, uma crítica da época:

> Falam, ou melhor, antigamente falavam, tanto em minhas "palavras", em minhas "frases". Como se elas fossem verbais. No entanto nenhuma, mas nenhuma mesmo, das palavras do livro foi – jogo. Cada uma delas quis essencialmente dizer alguma coisa. Continuo a considerar minhas palavras como sendo nuas. [...] Chamar de "verbalismo" uma vontade dolorosa de aproximar o mais possível as palavras do sentimento – eis o que me espanta. E o que me revela a distância possível que há entre o que se dá e o que se recebe... (DM, 416)

No entanto, conhece bem o perigo do voluntarismo. A imperfeição de Lucrécia vem do fato de "querer dizer" (CS, 63). Clarice aprenderá a lição da desistência, do não querer ativo, com seus personagens: Martim, em *A maçã no escuro*, e depois G.H., em *A paixão segundo G.H.*, abandonam, cada um à sua maneira, a busca da linguagem dos outros. Por meio desse despojamento, atingirão a própria verdade, pois "a DESISTÊNCIA é uma revelação" (PSGH, 197). E a lição de geometria e de astronomia, já iniciada com a ajuda de Joana? Lucrécia a prossegue tomando a medida da Terra:

> Estava escuro, mas as constelações piscavam úmidas. De pé, como no único ponto de onde se poderia ter essa visão, Lucrécia olhava a escuridão da terra e do céu. Esse movimento infinitamente esférico, harmonioso e grande: o mundo era redondo. (CS, 150)

O mundo é redondo, o "ovo na mesa da cozinha era oval" e "o quadrado da janela era quadrado" (CS, 134). Outras figuras se formam. Triângulos de personagens e da criação literária.[21] Durante seus três anos suíços, Clarice conclui três contos, fiel a uma concepção geométrica da elaboração de sua obra, da qual não sabemos se tem consciência.[22] Acrescenta a esse trígono inicial de contos uma segunda figura triangular:[23] três outros contos redigidos em 1950, durante um breve período no Rio de Janeiro, cidade que deixará novamente pela Inglaterra. Em *Alguns contos* (1952), como uma estrela de seis pontas, acata os favores da crítica, a mesma que apontava restrições a propósito da estrutura fragmentada das ficções de sua primeira tríade romanesca.[24]

Se o romance lhe fornece o espaço, o tempo e, portanto, a tentação de explicar sua visão de mundo, o conto, pelas suas próprias leis, freia um eventual intelectualismo ou o aprofundamento nos meandros de uma consciência. O que ela explica, em *A cidade sitiada*, vai sendo aplicado nos contos escritos paralelamente. Uma vez seu radar interior em marcha, só resta a Clarice receber a informação que desfia em forma de conto:

> "Mistério em São Cristóvão" é mistério para mim: fui escrevendo tranquilamente como quem desenrola um novelo de linha. Não encontrei a menor dificuldade. Creio que a ausência de dificuldade veio da própria concepção do conto: sua atmosfera talvez precisasse dessa minha atitude de isenção, de certa não participação. (LE, 173)

A maçã no escuro (1961): Solidificação das fundações

Os três romances dos anos 1960 compõem outro triângulo romanesco: *A maçã no escuro* (1961), *A paixão segundo G.H.* (1964) e *Uma aprendizagem ou O livro dos prazeres* (1969). Mais uma formação estelar: o casamento desse trígono com o da década de 1940.

A maçã no escuro, o primeiro dos três livros e cume de um novo triângulo, é também o último dos três romances concluídos no exílio (com *O lustre* e *A cidade sitiada*). Ao longo de uma estadia de seis meses em Torquay, na Inglaterra, Clarice Lispector começa a tomar notas para seu mais longo romance, de quatrocentas e poucas páginas, terminando-o em Washington, em 1956. Publicado cinco anos mais tarde, obtém um apoio entusiasta da crítica brasileira. Encarregado da escolha das obras e dos autores da América Latina para um dicionário de literatura mundial, o escritor Álvaro Manuel Machado escreve a Clarice para informá-la que ele considera *A maçã no escuro* "um dos grandes romances do século XX" e seu personagem central, "o primeiro herói dostoievskiano da literatura brasileira".[25]

Este é um dos livros de Lispector que logo se tornou de grande difusão no mundo. Suas ondas se propagam em primeiro lugar até a Alemanha (1964), concentrando-se em seguida nos Estados Unidos (1967), na França (1970), na Argentina (1974), na Itália (1988) e na Espanha (2003). Na carta que contém as condições de publicação do romance, o editor alemão louva "a grandeza incomparável, mas nunca exagerada de suas imagens"; na França – como também no Brasil –, vai se falar de um "aprofundamento de certos temas sartrianos" ou de "ascendência dostoievskiana".[26] Aparece, novamente, a crítica de influências. Brandem, sob os olhos da escritora, o fantasma de Jean-Paul Sartre. Agita-se, assim, o espectro na entrevista que concede, em 1976, ao MIS do Rio de Janeiro: "Fez leituras ou teve influências de leituras existencialistas?" Responde em seguida: "Não. Nenhuma! Nenhuma! Minha náusea inclusive é diferente da náusea de Sartre. Minha náusea é sentida mesmo! [...] Eu sei o que é a náusea do corpo todo, da alma toda! Não é sartriana, não!" Insiste nisso: "Não quer dizer que você não tenha lido Sartre também". Clarice sente-se forçada a se justificar: "Eu só li Sartre, só ouvi falar de Sartre n'*O lustre*, em Belém do Pará.".[27]

Atrelada à tarefa de conceber *A maçã no escuro*, ouve à exaustão seu disco da quarta sinfonia de Brahms. O texto manifesta o sentido do número quatro, símbolo do mundo criado, do universo terrestre, da consolidação da criação. A solidez do quadrado. Vamos conferir o que

Ângela assinala a propósito desse número: "É tão ótimo e reconfortante um encontro para as quatro da tarde. Quatro horas são do dia as melhores horas. As quatro dão equilíbrio e uma serena estabilidade, um tranquilo gosto de viver" (sv, 59).

O quarto romance de Clarice é seu livro mais bem-estruturado. Redigiu para ele 11 versões. Constitui uma exploração, por intermédio da busca individual de Martim, dos quatro planos da vida sobre a terra: mineral, vegetal, animal e humano. A trama se revela como um pretexto a essa aventura iniciática: Martim, acreditando ter realmente assassinado sua mulher, refugia-se em um hotel – é aí que começa o romance – e, depois, em uma fazenda dirigida por Vitória, que vive ali com sua prima Ermelinda. É empregado como trabalhador braçal por ela, que finalmente o denuncia à polícia. O romance é dividido em três partes: "Como se faz um homem", "Nascimento de um herói" e "A maçã no escuro" – de 11, nove e sete capítulos sem títulos. A narrativa, em terceira pessoa, comporta três personagens principais – Martim, Vitória, Ermelinda – e três secundários – Francisco (trabalhador na fazenda), a mulata (empregada) e sua filha.

Clarice assenta seu império. Seu trabalho é construtivo, inteligente e se impõe, mas, querendo expressar demais suas preocupações de autor, arrisca tornar pesada a "construção". Muita massa nos rejuntes das janelas. Certos fragmentos discursivos poderiam não ter aparecido? Assim, as seguintes perguntas a propósito de Martim:

> Será então indispensável entender perfeitamente o que lhe acontecia? Se nós profundamente o entendemos, precisamos também entendê-lo superficialmente? Se reconhecemos no seu mover-se lento o nosso próprio formar-se – assim como se reconhece um lugar onde pelo menos uma vez se esteve – será necessário traduzi-lo em palavras que nos comprometem? (ME, 107)

Clarice sentia a inoportunidade de certas digressões se confiarmos no início de uma carta, aqui citada, enviada por Fernando Sabino:

> Você está completamente enganada pensando que o "tom conceituoso e dogmático" de seu livro vem da necessidade que você teve de se colocar fora dele e para isso se colocou do lado de dentro, como pessoa à parte – atitude de "todo mundo sabe que o rei está nu, por que não dizer?" Para começar, não achei o tom de seu livro conceituoso nem dogmático;

conceituoso e dogmático, na minha opinião, são exatamente algumas frases que marquei e que por isso mesmo fogem ao tom geral do livro, absolutamente adequado ao que você tentou, e conseguiu, dizer.*

Vitória acredita que "falar consiste em dizer tudo" e desvela a Martim a frase inicial de um poema outrora esboçado por ela: "As rainhas que reinavam na Europa no ano de 1790 eram quatro" (ME, 198). Com essa fala, vê que sacrificou "seu pudor inutilmente". Clarice não será pega de novo: seu último romance terá 100 páginas apenas. Sua tendência a uma supremacia sobre seus personagens diminuirá a ponto de considerar que Macabéa, sua heroína em *A hora da estrela*, "se comanda muito".[28] A imperatriz apaziguada, reinando sobre as letras brasileiras, deixa virem a ela seus súditos-temas-personagens.

Com a mesma têmpera de Joana, Martim não possui, porém, um lado passional. Estatístico, trabalha com "números neutros". À imagem de Joana, ponto no universo, é, como toda pessoa que "experimentou se pôr de pé", "o centro do grande círculo, e o começo apenas arbitrário de um caminho" (ME, 19). Ele desenvolve outro anel na espiral da obra de Lispector. Retoma-o ali onde Lucrécia parou, no caminho para o campo onde ia encontrar a mãe. Encerra também outro círculo de experiências individuais em que, por ironia, a mãe toma um lugar (assim como o pai, que empreende um diálogo com o filho numa única aparição fantasmagórica): "Então, sem saber que pensara na sua mãezinha, o que lhe aconteceu, em círculo perfeito, é que nossos pais não estavam mortos. Pelo menos não tão mortos assim" (ME, 241).

Os personagens revelam, na maioria das vezes, muita lucidez. Martim, para justificar seu crime, faz um discurso às pedras que "pareciam homens sentados":

> Imaginem uma pessoa – continuou então – que não tinha coragem de se rejeitar: e então precisou de um ato que fizesse com que os outros a rejeitassem, e ela própria então não pudesse mais viver consigo. (ME, 30)

Vitória se pergunta, perspicaz e perplexa, diante do mistério das coisas: "O que é que faz com que eu, não fazendo um ato de maldade, seja Ruim? e Ermelinda não fazendo um ato de bondade, seja boa?" (ME, 54). Ermelinda responde a Martim, que lhe pergunta por que ela toma tantos calmantes:

---

* Carta de Fernando Sabino, cf. nota 54 em "O dom das línguas".

> Vamos dizer que uma pessoa estivesse gritando e então a outra pessoa punha um travesseiro na boca da outra para não se ouvir o grito. Pois quando tomo calmante, eu não ouço meu grito, sei que estou gritando, mas não ouço, é assim [...]. (ME, 144)

Ver tão intimamente, "aplicando-se com miopia nas coisas", tem suas consequências no horizonte (CS, 95): quem sabe olhar tão bem de perto não detecta o que está acontecendo lá longe? O olhar de águia da professora e crítica Gilda de Mello e Souza já havia percebido isso em *A maçã no escuro*. Comenta a minuciosa miopia da escritora, a "acuidade que a leva a penetrar tão fundo no coração das coisas" e que "talvez lhe dificulte a apreensão do conjunto":

> Pois na sua visão de míope, enxerga com nitidez admirável as formas junto aos olhos – mas, erguendo a vista, vê os planos afastados se confundirem, e não distingue mais o horizonte.[29]

Assim, Martim tenta alargar seu campo de visão, contemplando uma planície ligeiramente inclinada:

> E o que Martim viu foi uma estendida planície vagamente em subida. Muito além, começava um declive suave que, pela graça de suas linhas, prometia deslizar para um vale ainda invisível. E no fim do silêncio do sol, havia aquela elevação adoçada pelo ouro, mal discernível entre brumas ou nuvens baixas, ou talvez pelo fato do homem não ter ousado pôr os óculos. Ele não sabia se era montanha ou apenas névoa iluminada. (ME, 18)

Clarice não quer ver lá longe. Aliás, afirma não escrever para a posteridade. Há a necessidade de uma miopia sagrada como etapa preliminar sobre o caminho do conhecimento. Pois se o mundo é redondo, ele é vasto e excessivo: "O ar tinha tanta graça excedente que o homem desviou os olhos. No duro chão, empinavam-se os arbustos. E as pedras".

"Era o que lhe restava." (ME, 38) A instintiva proteção contra o deslumbramento: com uma "delicadeza de míope" (CS, 55), baixamos os olhos e vemos a terra a seus pés. Uma pedra se torna o mundo; um pássaro na palma da mão, o universo. E nasce uma arte: a força de olhar o arbusto antes da montanha, a coragem de aprender a desconstruir um código social de beleza, lição que G.H. assimila provando da massa branca da barata. O instinto de defesa contra uma realidade ofuscante se transfigura no dom de ver; e o negativo, em positivo, segundo a lei da coexistência dos contrários à qual adere Clarice.

Em epígrafe no quarto romance, há um excerto dos *Vedas*, os quatro livros sagrados hindus:

> Criando todas as coisas, ele entrou em tudo. Entrando em todas as coisas, tornou-se o que tem forma e o que é informe; tornou-se o que pode ser definido; e o que não pode ser definido; tornou-se o que tem apoio e o que não pode ter apoio; tornou-se o que é grosseiro e o que é sutil. Tornou-se toda espécie de coisas: por isso os sábios chamam-no o real.

Laços de família (1960): Rosáceas do templo

Os anos 1960 se abrem para Clarice Lispector com *Laços de família*, essa coletânea de 13 contos – como diria Ângela, "que doidice deliciosa escrever 13 em número e não em palavras" (SV, 155). Representa a passagem a um nível superior, um recomeço após o fim do ciclo do exílio, o fechamento de um círculo de vida de Clarice.*

A maçã no escuro coroava, no plano internacional, como uma das mais importantes obras de ficção da literatura brasileira de todos os tempos. Mas no Brasil, é graças a *Laços de família*, lançado um ano antes, que Clarice estende sua influência, atingindo o meio universitário e aumentando o interesse do público por seus romances. Publica seus 13 contos pouco depois do retorno definitivo ao Rio de Janeiro, mas foi no exterior que havia escrito a maioria deles e segundo a lei ternária já evocada: três contos em Berna; mais três outros em uma escapada ao Brasil, antes de um novo período de exílio. A esses seis textos, junta outros seis contos (dois ternários?) escritos nos Estados Unidos.[30] Acrescenta "O crime do professor de matemática" aos 12 textos.[31] O crime do professor: o abandono de seu cachorro, chamado José, suprindo o assassinato maior que acreditava não ter coragem de perpetrar. Martim, em *A maçã no escuro*, tem essa audácia e comete uma tentativa de homicídio. Bastou ousar. É ao menos o que estima Raskólnikov, de *Crime e castigo*, romance que engendrou, na adolescente Clarice, uma "febre real".[32]

"Laços de família", um fragmento do espelho romanesco, foi provavelmente escrito na Suíça ao mesmo tempo que *A cidade sitiada*. Dando o nome ao conjunto, o conto trata da relação filial abordada mais extensamente no seu terceiro romance, em que "a mãe e a filha", Ana e Lucrécia, se entendem "como mãos se dão" (CS, 95). Clarice não gravou nada dos fatos ligados a "Laços de família" em sua memória. Assunto delicado demais? Trata da mãe no texto com o olhar agudo e implacável próprio a todos os seus textos:

> "Catarina! disse a velha de boca aberta e olhos espantados, e ao primeiro solavanco a filha viu-a levar as mãos ao chapéu: este caíra-lhe até o nariz, deixando aparecer apenas a nova dentadura. O trem já andava e Catarina acenava. (LF, 112)

---

* Assim como o número 13 (12 + 1 = fim dos 12 meses do ano e início de outro ano; por coincidência, *Laços de família* foi publicado bem no início de 1960).

Clarice exercita o humor nesses contos, um recreio após uma dura jornada de aprendizagem na escola do romance. No terreno da tentativa e erro, diverte-se em ver, retirando os óculos, para "respirar", como o professor de matemática ou o estatístico Martim. Diverte-nos igualmente descrevendo sua visão dos objetos próximos ao seu olhar míope.[33] Clarice observa de perto a menina que era uma flor, com uma despreocupação de planta vivaz, as flores que Laura reluta em enviar a Carlota:

> Eram algumas rosas perfeitas, várias no mesmo talo. Em algum momento tinham trepado com ligeira avidez umas sobre as outras, mas depois, o jogo feito, haviam se imobilizado tranquilas. Eram algumas rosas perfeitas na sua miudez, não de todo desabrochadas, e o tom rosa era quase branco. Parecem até artificiais! disse em surpresa. Poderiam dar a impressão de brancas se estivessem totalmente abertas, mas, com as pétalas centrais enrodilhadas em botão, a cor se concentrava e, como num lóbulo de orelha, sentia-se o rubor circular dentro delas. (LF, 47)

"A menor mulher do mundo" é outra espécie de flor miúda, de 45 centímetros, que Clarice faz desabrochar. O suplemento em cores dos jornais de domingo reproduziu a imagem "em tamanho natural" de Pequena Flor: "Enrolada num pano, com a barriga em estado adiantado. O nariz chato, a cara preta, os olhos fundos, os pés espalmados. Parecia um cachorro" (LF, 79). Ela fotografa uma pigmeia e, ainda, uma avó de 89 anos, indignada com a bajulação de sua progenitura festejando seu aniversário, e a autora intercepta o sentimento com um só olhar: "Olhou-os com sua cólera de velha. Pareciam ratos se acotovelando, a sua família. Incoercível, virou a cabeça e com força insuspeita cuspiu no chão" (LF, 68). Diamantes talhados na rocha do romance, seus contos magnetizam inclusões imprevistas. Assim, Martim se lembra subitamente que "existem búfalos" (ME, 72). Essa reflexão se prolonga em outro lugar, produzindo o encontro de uma mulher com um búfalo:

> Olhou seus olhos./ E os olhos do búfalo, os olhos olharam seus olhos. E uma palidez tão funda foi trocada que a mulher se entorpeceu dormente. De pé, em sono profundo. Olhos pequenos e vermelhos a olhavam. Os olhos do búfalo. (LF, 157)

Como se Clarice se concedesse momentos de lazer, longe de seus personagens romanescos que frequenta assiduamente. Conta ter se divertido imensamente com "Devaneios e embriaguez de uma rapariga portuguesa", ao se permitir vários empréstimos ao português de Portugal. Se Martim recusava as palavras dos outros ao perceber que a única coisa que fazemos é reproduzir a linguagem alheia, Clarice afirma, nesse conto, por meio da ironia, a existência de uma realidade linguística e cultural brasileira. Influenciada inicialmente pelo modelo europeu, confiava a suas irmãs em 1947:

> A Europa é o mundo, é da Europa que ainda saem as melhores coisas. Eu não conheço ninguém e me sinto esmagada por essa entidade abstrata que não consegui concretizar em nenhum amigo. Berna é um túmulo, mesmo para os suíços. E um brasileiro não é nada na Europa. A expressão mesmo é: estou esmagada. (EPR, 130)

Depois vem o tempo de rir entre as folhas espessas de uma floresta do Congo, com a menor mulher do mundo, cuja aldeia fora descoberta por um explorador francês:

> E então ela estava rindo. Era um riso como somente quem não fala ri. Esse riso, o explorador constrangido não conseguiu classificar. E ela continuou fruindo o próprio riso macio, ela que não estava sendo devorada. Não ser devorado é o sentimento mais perfeito. Não ser devorado é o objetivo secreto de toda uma vida. (LF, 84)

Uma vez passado o perigo, o de morrer esmagada, Clarice pode se dedicar ao humor, distância crítica que percorre sobre o caminho da autonomia. Inesperado como o riso de Pequena Flor, o caráter irônico do diálogo final entre Martim e o pai morto prefigurava o humor de que beneficiam os contos da época. Em "A menor mulher do mundo", por exemplo:

> Foi então que o explorador disse timidamente e com uma delicadeza de sentimentos de que sua esposa jamais o julgaria capaz:
> – Você é Pequena Flor.
> Nesse instante, Pequena Flor coçou-se onde uma pessoa não se coça. O explorador – como se estivesse recebendo o mais alto prêmio de castidade a que um homem, sempre tão idealista, ousa aspirar –, o explorador, tão vivido, desviou os olhos. (LF, 79)

Faíscas libertadoras: "Minha energia é alegre./ Tomo cuidado para não dar curto-circuito" (EPR, 27). Recomendação tardia anotada no fim de sua vida, com pleno conhecimento de causa, depois da travessia encrespada de períodos sombrios, como a passagem por *A paixão segundo G.H.*, seu quinto romance.

A paixão segundo G.H. (1964): O quarto interior

Escuridão. Sente-se a energia forte demais na origem do curto-circuito. Trovões estrondam, saindo do texto escuro, seu primeiro romance escrito inteiramente em primeira pessoa. Este *eu* se anima do começo ao fim de *A paixão segundo G.H.*, que se abre e se fecha com travessões. Quem é esse *eu*? G.H., escultora vivendo no Rio de Janeiro, representante do gênero humano, em pleno crescimento de alma. G.H. penetra no quarto da empregada, desertado há pouco. Encontra lá uma barata que vai esmagar contra a porta do armário. O incidente engendra uma descida vertiginosa ao abismo do inconsciente, concomitante a uma ascensão à luz do espírito.

A paixão segundo G.H. é o livro que Martim tencionava escrever na prisão? O quarto da empregada em que G.H. "aprisionou-se" é a cadeia para a qual Martim escolheu ir para purgar o que os outros chamam de crime? A prisão surge diante dele ao longo da trajetória: "A via-crúcis não é um descaminho, é a passagem única, não se chega senão através dela e com ela" (PSGH, 211). *A paixão* é uma prisão ou uma via-crúcis com 33 estações sem títulos. O número de capítulos coincide com a idade de Cristo. "A condição humana é a paixão de Cristo." (PSGH, 210)

Martim havia sentenciado: "Juro que no meu livro terei a coragem de deixar inexplicado o que é inexplicável" (ME, 244). G.H. mantém a promessa de Martim. Tenta contar o que ocorreu no quarto no dia anterior, "traduzir o desconhecido para uma língua" que desconhece... (PSGH, 18) Não saberia explicar, no entanto, o silêncio, a fé, ou Deus: "A explicação de um enigma é a repetição do enigma" (PSGH, 159).

Clarice Lispector utiliza mais a intuição do que a inteligência para escrever. Ela própria o afirma. Atrelada a seu trabalho instintivo de escrever, admira-se diante dos debates sobre os gêneros literários. Dá-se conta de que mesmo quando a crítica se recusa a classificar um texto como *A paixão segundo G.H.* na categoria romance, admite a existência do personagem, pilar da obra, ao analisar seus motivos, sentimentos e pensamentos. Que "o livro obedeça a uma determinada forma de romance", ela "*s'en fiche*"* (DM, 412). Distancia-se evidentemente da concepção tradicional do romance quando desdenha das descrições que o tornariam mais "atraente". "É claro que *A paixão segundo G.H.* é um romance", mesmo se as informações sobre a anônima G.H. se resumem a elementos esparsos vagamente indicativos. É que mesmo a própria personagem não se reconhecia mais: perdeu sua "forma". Clarice segue G.H. em uma longa meditação que, por ser única, é contada

---

* Em francês no texto: "está pouco ligando".

em uma forma exclusiva. Esse desenrolar-se incomum é inevitável tendo em vista sua concepção de fundo-forma:

> Fala-se da dificuldade entre a forma e o conteúdo, em matéria de escrever; até se diz: o conteúdo é bom mas a forma não etc. Mas, por Deus, o problema é que não há de um lado um conteúdo, e de outro a forma. Assim seria fácil: seria como relatar através de uma forma o que já existisse livre, o conteúdo. Mas a luta entre a forma e o conteúdo está no próprio pensamento: o conteúdo luta por se formar. Para falar a verdade, não se pode pensar num conteúdo sem sua forma. Só a intuição toca na verdade sem precisar nem de conteúdo nem de forma. (DM, 390)

Martim, em *A maçã no escuro* – forma única talvez, porém mais ou menos clássica –, era ainda tentado pela beleza. Para G.H., que deve se expor "à enorme surpresa" antecipada diante da "pobreza da coisa dita" (PSGH, 16), a atração reside na liberdade subitamente sentida diante de um ideal de beleza:

> Pois nunca até hoje temi tão pouco a falta de bom-gosto: escrevi: "vagalhões de mudez", o que antes eu não diria porque sempre respeitei a beleza e a sua moderação intrínseca. Disse "vagalhões de mudez", meu coração se inclina humilde, e eu aceito. Terei enfim perdido todo um sistema de bom gosto? Mas será este o meu ganho único? Quanto eu devia ter vivido presa para sentir-me agora mais livre somente por não recear mais a falta de estética... (PSGH, 17)

"Há um mau gosto na desordem de viver" (PSGH, 28): é quando se diz "a palavra errada exatamente quando ela cairia pior" ou quando se profere "palavras de grande beleza e verdade quando o interlocutor está desprevenido" e se segue a isso um silêncio constrangedor (DM, 280). Por "puro prazer", Clarice se sente muito tentada a não ter bom gosto na escrita. Há mau gosto no nascimento de uma forma nova. Distorção da norma de beleza em tempo de vanguarda; a forma inédita torna-se moda e é então percebida como uma contribuição estética apreciável. Gertrude Stein disse isso em outras palavras:

> *When you make a thing, it is so complicated making it that it is bound to be ugly, but those that do it after you they don't have to worry about making it and they can make it pretty, and so everybody can like it when the others make it.*[*][34]

---

[*] "Quando se faz uma coisa, ela é tão complicada de fazer que termina ficando feia, mas os que a fazem depois não precisam mais se preocupar em fazê-la e podem deixá-la bonita, e assim todo mundo gosta quando são os outros que fazem."

A paixão segundo G.H. é uma etapa decisiva na construção da obra. A personagem recapitula sua vida com a intenção de renunciar a agradar, mas com a necessidade de estender a mão. Desejando não a beleza, mas a identidade, o sujeito se afirma ao admitir o outro: "Estou tão assustada que só poderei aceitar que me perdi se imaginar que alguém me está dando a mão" (PSGH, 13). Executa passos em direção ao outro, de onde nascerá *Uma aprendizagem ou O livro dos prazeres* (1969). Esse sexto romance será, para Clarice, uma trégua antes de retomar o combate empreendido pela escultora, a fim de modelar uma forma assumida mais tarde, em cores e com otimismo, pela narradora-pintora de *Água viva* (1973).

O longo monólogo de G.H., de cerca de duzentas páginas, é um dos frutos do desejo reprimido de Clarice, em *A maçã no escuro*, de se introduzir no texto, em nudez de rainha. "Todo mundo sabe que o rei está nu, por que não dizer?"[35] O jorro da paixão é tão mais impetuoso que seis anos da vida da autora escoam antes que ela possa voltar a escrever depois de acabar *A maçã no escuro*, em 1956. Sua paixão arrebenta e se consuma "em menos de um ano".[36] Por que pretenderá, em um tom inflamado, que seu livro não reflita "em absoluto" a difícil situação na qual se encontrava naquele momento?[37] Esse romance, que mais corresponde às suas exigências de escritora, não denota, no entanto, nenhuma voluntariedade de profissional da escrita, nenhuma árdua elaboração. Parece com o que ela recusa a admitir: uma catarse. Liberação do recalque e turbilhão. Confia-se a um amigo imaginário, aquele que segura a mão de G.H. para lhe insuflar a coragem de dizer. Confessa, porém, ter perdido o domínio sobre a personagem: "Fugiu do controle quando eu de repente percebi que a mulher G.H. ia ter que comer o interior da barata. Estremeci de susto!"*

Uma voz de mulher, mediadora entre Deus e o universo, narra a experiência de uma despersonalização iniciada por Martim. Se G.H. reduplica esse personagem masculino em uma busca por identidade, ela o ultrapassa, chegando ao paradoxo de atingir aquilo que é tanto a própria vida dela que se torna o Outro e o mundo. Realiza, assim, o "tudo é um" de Joana. Dirige a Deus este pedido antes enigmático:

> [...] mim que és Coisa e Tu. Dá-me o que és em mim. Dá-me o que és nos outros, Tu és o ele, eu sei, eu sei porque quando toco eu vejo o ele. Mas o ele, o homem, cuida do que lhe deste e envolve-se num invólucro feito

---

* Cf. documento do MIS, nota 14 em "O espírito das línguas".

> especialmente para eu tocar e ver. E eu quero mais do que o invólucro que também amo. Eu quero o que eu Te amo. (PSGH, 164)

Nessa passagem do "eu-mim para o eu-global" (SV, 77) de que falará Ângela como uma memória de *A paixão segundo G.H.*, o divino coteja o diabólico: "O pé pisou no ar, e entrei no paraíso ou no inferno: no núcleo" (PSGH, 94). O núcleo é a coisa em si, evocada em *Água viva* pelo pronome inglês *it*. É a matéria viva neutra que G.H. e a barata compartilham, o nada em que coexistem em paz os contrários (alegria/dor, amor/ódio, santidade/pecado). Tem-se acesso a esse núcleo, raiz do bem e do mal, pelo paradoxo. Clarice nos previne acerca disso em uma nota preliminar aos leitores:

> Este livro é como um livro qualquer. Mas eu ficaria contente se fosse lido apenas por pessoas de alma já formada. Aquelas que sabem que a aproximação, do que quer que seja, se faz gradualmente e penosamente, atravessando inclusive o oposto daquilo de que se vai aproximar. Aquelas pessoas que, só elas, entenderão bem devagar que este livro nada tira de ninguém. A mim, por exemplo, o personagem G. H. foi dando pouco a pouco uma alegria difícil; mas chama-se alegria.

O romance em si se torna um paradoxo supremo, em que G.H. fala sem parar a fim de abordar o silêncio:

> Ah, mas para se chegar à mudez, que grande esforço da voz. Minha voz é o modo como vou buscar a realidade; a realidade, antes de minha linguagem, existe como um pensamento que não se pensa, mas por fatalidade fui e sou impelida a precisar saber o que o pensamento pensa. (PSGH, 210)

Para expressar sua "mudez de barata que tem mais olhos que boca" (PSGH, 139), sua voz ininterrupta murmura os capítulos, longas quadrinhas de uma canção ofegante em que os refrãos em forma de anadiploses – a última frase do capítulo sendo repetida no início do seguinte – permitem apenas retomar o fôlego.

Um paradoxo ineluctável funda o romance: só pode narrar o despojamento do eu, reconquistando-o, já que é o eu que narra. Círculo vicioso e prazeroso, se for verdade que o "inferno é horrível e bom" (PSGH, 134); livro essencialmente contraditório, grande imagem que recobre todos os paradoxos que dele transbordam, revelando-os, com o corpo pesado, tenso, pelo esforço de reconciliação dos contrários. Imensa barata, "tamanho escuro andando" (PSGH, 133), eis a paixão segundo G.H., coisa que deve ser dita, "cavalo de caçada do rei do sabá" que nos conduz aos confins do possível (PSGH, 152): a despersonalização do humano. Há perigo de enfeitiçamento, o leitor estando "tão terrivelmente ligado ao escritor que na verdade ele, o leitor, é o escritor" (DM, 97). Uma amiga de Clarice lhe perguntou como se sentia quando escrevia seus livros. Respondeu com uma pergunta: "Como é que você se sente quando lê meus livros? Aí você tem a medida de como é que me sinto quando escrevo".[38]

Se ler for escrever e se, no momento da redação de *A paixão segundo G.H.*, ela se encontrava "na pior das situações, tanto sentimental como de família!", como nos sentimos ao ler o livro?[39] É preciso já ter a alma formada para suportar seguir G.H. em seu inferno? Se "o mundo é extremamente recíproco", eu e nós somos G.H., "bicho de grandes profundidades úmidas" (PSGH, 134). Vibramos com ela e realizamos tudo isto: primeiro, dirigimo-nos para um corredor obscuro; depois, entramos em um quarto inabitado: lá nosso coração embranquece como uma cabeleira, pois nossos olhos percebem a barata grande que se mexe no guarda-roupa; tocamos no nada úmido que formiga: é que esmagamos o inseto contra a porta do armário. Tocamos no proibido, sucumbimos, penetramos na vida pré-humana fervilhante, queimamos por dizer o que não se diz, experimentamos a matéria branca da barata, queremos narrar, narramos antes de renunciar à linguagem, não compreendemos o que dizemos, adoramos o silêncio do presente vivo.

A legião estrangeira (1964): Esculturas do tempo

G.H. foi longe demais? Com Clarice Lispector, conhecemos "o perigo de viver" (LF, 31) do qual se distanciam seus personagens dos contos, empurrados por um instinto de sobrevivência: Ana, em "Amor", atinge um estado alterado de consciência ao ver um cego, desencadeador do processo de descoberta de um outro plano do real, mas retorna à vida dita normal, ao marido e ao filho; a narradora de "A quinta história" escolheu não viver a "vida dupla de feiticeira", consistindo em preparar, durante o dia, o veneno para matar as baratas que sobem pelo encanamento do edifício até o apartamento, e ir, durante a noite, ao encontro de seus cadáveres. Clarice escreve essa quinta história na mesma época que *A paixão segundo G.H.*, seu quinto romance, em que G.H. encontra a barata no quinto capítulo... O conto duplica o romance, mas lá onde a personagem persiste, aqui a outra levanta as armas:

> Áspero instante de escolha entre dois caminhos que, pensava eu, se dizem adeus, e certa de que qualquer escolha seria a do sacrifício: eu ou minha alma. Escolhi. E hoje ostento secretamente no coração uma placa de virtude: "Esta casa foi dedetizada". (LE, 93)

Escrever um conto salvaria Clarice das areias movediças de *A paixão segundo G.H.*, qualificado por ela de "mais pesado" que *A maçã no escuro* numa carta a Rubem Braga, editor da primeira edição do romance.[40] Saída de emergência para fora do quarto superaquecido onde G.H. queima, "A quinta história" está inserida em *A legião estrangeira*, que foi, segundo a autora, "inteiramente abafado" pelo lançamento no mesmo ano do romance.[41]

Treze contos compõem a parte inicial da primeira edição de *A legião estrangeira*. Na segunda parte, intitulada "Fundo de gaveta", por sugestão de Otto Lara Resende, encontra-se uma centena de textos de extensão diversa,[42] incluindo uma peça de teatro escrita na Suíça, único texto retirado por Clarice da segunda edição. Justifica sua publicação numa nota em destaque:

> Por que tirar do fundo da gaveta, por exemplo, "a pecadora queimada", escrita apenas por diversão enquanto eu esperava o nascimento de meu primeiro filho? Por que publicar o que não presta? Porque o que presta também não presta. Além do mais, o que obviamente não presta sempre me interessou muito. Gosto de um modo carinhoso do inacabado, do malfeito, daquilo que desajeitadamente tenta um pequeno voo e cai sem graça no chão. (LE, 127)

O único texto de Clarice aparentado com uma escrita para teatro é, na realidade, um esboço de peça de um só ato e seis personagens: Sacerdote, 1º Guarda, 2º Guarda, Esposo, Amante e a Pecadora, além dos coros (Povo, Criança com sono, Mulher do povo, Mulheres do povo, Personagem do povo). Coro ou personagens, os "Anjos invisíveis" se transformam em "Anjos nascendo" e, depois, em "Anjos nascidos" no momento em que o corpo da Pecadora, que não terá pronunciado palavra alguma, levanta voo em fumaça. Esta, culpada por "escravidão dos sentidos", é queimada como uma feiticeira por ter enganado seu marido. Sofre a ira do amante que ela também traiu, dissimulando a existência de seu marido: "E eu vos pergunto: quem? quem é esta estrangeira, quem é esta solitária a quem não bastou um coração". Preocupado, o amante insiste: "Quem é esta estrangeira?"

Quem é essa estrangeira? Clarice anota, durante o exílio, em uma de suas cadernetas:

> Quero gostar de várias pessoas para não esperar nada de nenhuma particularmente. Não quero que minha vida seja uma tortura de desilusões. Noto que de novo tenho que fazer a minha vida, que me defender dos outros. No fundo eles hão de rir de mim. Ou não? Possível não. O fato é que tenho que considerá-los em bloco para que nenhum deles particularmente me fira. É + solidão ainda.[43]

Em "A pecadora queimada e os anjos harmoniosos", repete-se três vezes que aquela está "marcada pela Salamandra". Premonição? Em 1966, ocorre um incêndio no apartamento onde mora. Clarice sofrerá queimaduras graves, principalmente na mão direita. Aquela que se acredita "protegida", que vive "no quase, no nunca e no sempre", sobrevive ao fogo depois de ter passado "três dias à beira da morte". Guarda a "mão direita deformada" (VE, 51). Traz da beira da morte uma mão trêmula. Ela a havia pressentido antes do acidente. A prova disso, "O ovo e a galinha", seu conto mais misterioso de todos, "aproximação tímida minha da subversão do mundo vivo e do mundo morto ameaçador" (SV, 102):

> O que me revela que talvez eu seja um agente é a ideia de que meu destino me ultrapassa: pelo menos isso eles tiveram mesmo que me deixar adivinhar, eu era daqueles que fariam mal o trabalho se ao menos não adivinhassem um pouco; fizeram-me esquecer o que me deixaram adivinhar, mas vagamente ficou-me a noção de que meu destino me ultrapassa, e de que sou instrumento do trabalho deles. Mas de qualquer modo era só

> instrumento que eu poderia ser, pois o trabalho não poderia ser mesmo meu. Já experimentei me estabelecer por conta própria e não deu certo; ficou-me até hoje essa mão trêmula. Tivesse eu insistido um pouco mais e teria perdido para sempre a saúde. (LE, 65)

Aproximou-se demais do mundo das trevas. Quase perdeu a mão direita, a que escreve, que o médico queria amputar "com medo de gangrena". Sua irmã exigiu energicamente que esperasse antes de operar. A gratidão de Clarice pelo fato de ter conservado sua mão é imensa. Pode ainda tocar os seres, por exemplo. Pode ainda pegar os objetos: "Sabem mesmo o que é isto: pegar? É privilégio".[44]

Uma mão queimada em terceiro grau: aviso para silenciar "sobre o que sabemos e que devemos manter em sigilo" (SV, 153). Clarice tinha sempre a impressão de falar/escrever demais. À beira da morte, Ângela pede a Deus que a perdoe pelo seu excesso de vida, implora ser absolvida: "Oh Deus poderoso, me perdoe a minha vida errada e de péssimos hábitos de sentir, me perdoe em existir em gozo tão luxuriante e sensual da absorção dos miasmas do corpo a corpo" (SV, 137). Sua mediunidade: "Há um mistério num copo d'água: eu olhando a água tranquila parece que leio nela a substância da vida. Como um vidente diante da bola faiscante de cristal" (SV, 147). Ao escrever, desvela uma parte do rosto oculto do real, parcelas de Sombra inominada.

Única escritora brasileira convidada para o Primeiro Congresso Mundial de Bruxaria, ocorrido em Bogotá em 1975, não busca o lado mágico das coisas em um mundo presumidamente sobrenatural. Acredita antes que os fenômenos naturais – respirar, por exemplo – são do domínio da magia:

> Eu sou extremamente realista. Mas acontece o seguinte: eu "adivinho" a realidade mais do que eu a vejo. E esse meu relacionamento de adivinhação com a realidade – é mágico./ E o pensamento? Como é que de um corpo sólido nasce a mais volátil das substâncias que é o livre pensamento? Portanto, "pensar" é um ato contínuo de magia. (EPR, 41)

Um crítico sul-americano teria afirmado que ela usa as palavras como se efetuasse um ritual mágico. É por essa razão, supõe ela, que a convidaram para participar do congresso. Na ocasião, Clarice pediu que lessem para ela "O ovo e a galinha", que possui, a seu ver, um "certo toque de ocultismo".[45] Atestando uma maneira singular de perceber o real, mistura, em seus textos, números com asas de morcego:

> "Dois e dois são quatro" é uma verdade natural ou é um preconceito? "Dois e dois são quatro" é uma assombração de asas abertas de morcego na noite ou é uma realidade básica? Ou dois-e-dois são um prenúncio? um prenúncio do ilimitado sem número? O começo de dois-e-dois é o nada infinito do zero: nada começa e nada termina! Mas eu morro. (EPR, 51)

Ela põe em cena uma pecadora, tocando o gênero teatral com uma mão trêmula. Finalmente, sente que será impossível escrever para teatro. A partir do momento em que considerava a possibilidade de fazê-lo com o objetivo consciente de encenar, ficava bastante constrangida. De fato, não planeja nada em seu "trabalho intuitivo de viver": "trabalh[a] com o indireto, o informal e o imprevisto" (AV, 48). Ser indiretamente teatral lhe convém então completamente. Basta que tenha a vontade de descrever para que nada seja mostrado, dado a ver. Seu talento é o de se aproximar das coisas com o corpo inteiro. Fica bem junto do professor que sorri para a aluna em "Os desastres de Sofia":

> Aquilo que eu via era anônimo como uma barriga aberta para uma operação de intestinos. Vi uma coisa se fazendo na sua cara – o mal-estar já petrificado subia com esforço até a sua pele, vi a careta vagarosamente hesitando e quebrando uma crosta – mas essa coisa que em muda catástrofe se desenraizava, essa coisa ainda se parecia tão pouco com um sorriso como se um fígado ou um pé tentassem sorrir, não sei. O que vi, vi tão de perto que não sei o que vi. Como se meu olho curioso se tivesse colado ao buraco da fechadura e em choque deparasse do outro lado com outro olho colado me olhando. (LE, 22)

Se o *eu* apressa o passo, chegando mais perto do leitor em sete dos 13 contos escritos em primeira pessoa de *A legião estrangeira*, as crônicas da segunda parte da coletânea são pernadas em nossa direção. Essas crônicas esboçam uma arte poética esclarecedora da obra de ficção clariceana. Certos textos apresentam um caráter francamente metalinguístico, como este fragmento de crônica: "Mas já que se há de escrever, que ao menos não se esmaguem com palavras as entrelinhas" (LE, 137). Parece endossar contra si mesma uma parte de sua autobiografia ao narrar lembranças de viagens e da infância, "sonhos, observações de seus filhos".[46]

Contos ou crônicas? A distinção importa cada vez menos.[47] "Mas, o que é uma crônica? Crônica é um relato? é uma conversa? é o resumo de um estado de espírito?" (DM, 155) Não sabe. Ângela também escreve crônicas semanais para o jornal, "mas não fica satisfeita" (SV, 95). Segundo essa personagem, as crônicas são paraliteratura, e não literatura. Ela desejaria mesmo escrever um romance, "mas é impossível porque não tem fôlego para tanto". Banida da literatura, a crônica seria um subgênero. Clarice valoriza bem mais seus livros do que seus textos para os jornais, "isso sem, no entanto, deixar de escrever com gosto para o leitor de jornal e sem deixar de amá-lo" (DM, 669). Desejava conciliar literatura e jornalismo como Ernest Hemingway e Albert Camus conseguiram fazer. Tenta. A partir dos anos 1940, antes mesmo da publicação do primeiro romance, colabora para a *Agência Nacional* (1941) e diversos jornais e revistas, tais como *A noite* (1942), *Comício* (1952), sob o pseudônimo de Teresa Quadros, *Jornal da Tarde,* assinando uma página feminina com o nome da atriz Ilka Soares (anos 1960), e *Senhor.* Manterá, durante seis anos e meio, uma crônica semanal no *Jornal do Brasil* (de agosto de 1967 a dezembro de 1973). Fará, enfim, até pouco antes de sua morte, entrevistas para *Manchete* e *Fatos e fotos*. Mesmo sendo considerada uma pioneira do jornalismo feminino no Brasil,[48] sente-se impotente para redigir crônicas de verdade.

Será a necessidade de "comunicação profunda" consigo mesma e com seus leitores, a força do hábito nascida de ter que se entregar uma vez por semana? Aceita o jogo. Um leitor lhe escreve dizendo ser suficientemente vulgar para achá-la linda, e ela responde o seguinte: "Você diz que sou linda. Ora, não sou linda. Mas quando estou cheia de esperança, então de minha pessoa se irradia algo que talvez se possa chamar de beleza" (DM, 123). As cartas dos leitores, ora lisonjeiras ora desatenciosas, mal-educadas, favorecem um tipo de comentário personalizado:

> F.N.M., você é uma raposa astuciosa [...]. [...] Você toma um ar de falsa piedade e me diz que soube que a depressão em que andei foi causada pelo casamento de meu ex-marido. Guarde, minha senhora, a piedade para si própria, que não tem o que fazer. E se quer a verdade, coisa pela qual a senhora não esperava, ei-la: quando me separei de meu marido, ele esperou pela minha volta mais de sete anos.[49]

"Por que é que você às vezes escreve sobre assuntos pessoais?", perguntou-lhe um de seus filhos. Explica que nunca abordou realmente assuntos muito pessoais. É uma "pessoa muito secreta", que não ultrapassa um certo limite nem com os próprios amigos; e mesmo considerando "que seria muito difícil" alguém escrever sua biografia[50] – por não se revelar –, fica com a impressão de estar vendendo a alma ao escrever crônicas:

> É fatal, numa coluna que aparece todos os sábados, terminar sem querer comentando as repercussões em nós de nossa vida diária e de nossa vida estranha. Já falei com um cronista célebre a este respeito, me queixando eu mesma de estar sendo muito pessoal, quando em 11 livros publicados não entrei como personagem. Ele me disse que na crônica não havia escapatória. Meu filho, então, disse "Por que você não escreve sobre Vietcong?" Senti-me pequena e humilde [...] senti-me impotente, de braços caídos. Pois tudo o que fiz sobre Vietcong foi sentir profundamente o massacre e ficar perplexa. (DM, 435)

O cronista célebre é Rubem Braga, que enalteceu a crônica nacional. Deu à escrita jornalística, efêmera, um caráter poético e, portanto, uma certa permanência. Traça o caminho, aberto por Machado de Assis, a um gênero literário tipicamente brasileiro, de tratamento variado, integrando lembranças da infância, fragmentos de vida, trechos de romance ou poemas em prosa, fatos sociais romanceados, comentários metafísicos ou considerações literárias. A maioria dos autores brasileiros, mais cedo ou mais tarde, sucumbe a ela, como amador ou profissional. Assim, temos Rubem Braga ao lado de Clarice Lispector em uma coletânea de cronistas brasileiros modernos.[51] Depois de ficar sabendo por terceiros que Rubem apreciava seus livros, mas não gostava de suas crônicas, Clarice se dirige a ele por meio do jornal: "Rubem, eu faço o que eu posso. [...] Faço crônicas humildemente, Rubem. Não tenho pretensões. Mas recebo cartas de leitores e eles gostam. E eu gosto de recebê-las" (DM, 592).

Se seus livros são frequentemente considerados herméticos, seus textos de crônica, em geral, são lidos facilmente. Estima que a compreensão do leitor depende, em grande parte, de uma maneira própria de abordar o texto: "O leitor de jornal, habituado a ler sem dificuldade o jornal, está predisposto a entender tudo. E isto simplesmente porque 'jornal é para ser entendido'" (DM, 668). As crianças, para quem ela escreve quatro livros, também a compreendem.[52] O fato de que os adultos a julguem obscura a espanta:

> Quando escrevo para crianças, sou compreendida, mas quando escrevo para adultos fico *difícil*? Deveria eu escrever para os adultos com as palavras e os sentimentos adequados a uma criança? Não posso falar de igual para igual? (DM, 98)

Levanta o problema da recepção de seus textos, que sempre a surpreendeu. Na entrevista concedida à televisão brasileira, no ano de sua morte, conta que um professor de português, em visita a sua casa, admitiu ainda não saber, depois da quarta leitura de *A paixão segundo G.H.*, do que se tratava. Contudo, no dia seguinte, uma estudante de 17 anos confiava a Clarice que esse romance era seu livro de cabeceira. Manifesta sua estupefação: "Não dá para entender".[53] Pressente que mais vale, no que diz respeito a seus textos, adotar uma forma de leitura telepática:

> Ou toca ou não toca. Suponho que me entender não é questão de inteligência e, sim, de sentir, de entrar em contato. Tanto que o professor de português e de literatura que era, devia ser, o mais apto a me entender não me entendia, e a moça de 17 anos lia e relia o livro.

Comunicação de pensamentos. Respiração em sintonia para captar um fundo-forma, anestesiando a faculdade do raciocínio. Na ocasião do Primeiro Congresso Nacional de Bruxaria, Clarice prepara um texto de apresentação em que previne o auditório contra uma apreensão racionalista de "O ovo e a galinha". Julga-o paradoxalmente como o conto "mais hermético, mais incompreensível e, ao mesmo tempo, mais compreensível, envolvente":[54]

> Como só tenho a dar às pessoas aqui presentes minha literatura, uma pessoa vai ler por mim um conto meu chamado "O ovo e a galinha". Este texto é misterioso até para mim mesma e tem uma simbologia secreta. Peço que não ouçam a leitura apenas com o raciocínio, senão tudo escapará ao entendimento. Se meia dúzia de pessoas realmente sentirem esse texto, já ficarei satisfeita.[55]

Por meio de uma meditação sobre o ovo, prolonga a busca de G.H.:

> Meu método de visão era inteiramente imparcial: eu trabalhava diretamente com as evidências da visão, e sem permitir que sugestões alheias à visão predeterminassem as minhas conclusões; eu estava inteiramente preparada para surpreender a mim mesma. (PSGH, 127)

Experimenta a visão direta do objeto e tenta o impossível: ver a coisa antes que a razão se apodere dela. Contempla um ovo: "Olho o ovo com um só olhar. Imediatamente percebo que não se pode estar vendo um ovo. Ver um ovo nunca se mantém no presente: mal vejo um ovo e já se torna ter visto um ovo há três milênios" (LE, 55). Comenta sua visão do ovo que "vive dentro da galinha para que não o chamem de branco":

> O ovo é branco mesmo. Mas não pode ser chamado de branco. Não porque isso faça mal a ele, mas as pessoas que chamam o ovo de branco, essas pessoas morrem para a vida. Chamar de branco aquilo que é branco pode destruir a humanidade. (LE, 57)

A questão se coloca para ela nos seguintes termos, pouco antes da morte: "Será que as coisas simples hoje são recebidas de maneira complicada?"[56] Sob o peso de séculos de racionalismo, não se pode mais "simplesmente abrir uma porta e olhar"? (LE, 145) Por amor à manobra intelectual, na cilada do hábito racional, o adulto não sabe mais receber a simplicidade do ovo ou, ainda, do coelho de que fala Clarice a seu público infantil? "Para dizer a verdade, não passava de um coelho. O máximo que se pode dizer é que se tratava de um coelho muito branco." (MC, 6)

Repete, a quem quiser ouvir, que escreve com simplicidade. Seria Clarice ao mesmo tempo clara e obscura, como ela afirma a propósito de Henry James, mestre do conto? Expressa claramente coisas complexas. A narradora de *Água viva* presume estar sendo sibilina quando tenta fixar a nitidez e o imediatismo de uma visão complexa:

> Novo instante em que vejo o que vai se seguir. Embora para falar do instante de visão eu tenha que ser mais discursiva que o instante: muitos instantes se passarão antes que eu desdobre e esgote a complexidade una e rápida de um relance. Escrevo-te à medida do meu fôlego. Estarei sendo hermética como na minha pintura? Porque parece que se tem de ser terrivelmente explícita. Sou explícita? Pouco se me dá. (AV, 65)

A parte mais transmissível do que ela anota nessa sua ficção será apresentada em uma crônica escrita paralelamente – "Porque parece que em jornal se tem de ser terrivelmente explícito" (DM, 531). Lança "O ovo e a galinha" em uma série de três crônicas sob o título "Atualidade do ovo e da galinha". Um instante-ovo se transforma em "notícia". Diante disso, há motivos para se renovar o conceito de crônica ou conduzir alguns a dizer que suas crônicas são "um desastre, ilegíveis".[57]

No entanto, redige "Mineirinho". Trata-se, ao lado de "O ovo e a galinha", de um dos *contos* de sua predileção. Essa crônica, fechando a segunda parte de *A legião estrangeira,* comenta um fato atual: o assassinato brutal de um bandido pela polícia. O homicídio de Mineirinho, "que morreu com 13 balas quando uma só bastava", faz as manchetes dos jornais da época.

> Mas há alguma coisa que, se me faz ouvir o primeiro e o segundo tiro com um alívio de segurança, no terceiro me deixa alerta, no quarto desassossegada, o quinto e o sexto me cobrem de vergonha, o sétimo e o oitavo eu ouço com o coração batendo de horror, no nono e no décimo minha boca está trêmula, no décimo-primeiro digo em espanto o nome de Deus, no décimo-segundo chamo meu irmão. O décimo-terceiro tiro me assassina – porque eu sou o outro. Porque eu quero ser o outro. "Essa justiça que vela meu sono, eu a repudio, humilhada por precisar dela". (LE, 253)

"Mineirinho", entre as mais bem-sucedidas de suas crônicas, é uma penhora do humanismo atingido por G.H./Clarice depois da travessia de seu deserto de solidão. A qualidade do olhar que ela pousa sobre um ovo ou um delinquente atesta sua compreensão da condição humana. Mineirinho é o espelho de nossos crimes, grandes ou pequenos: homicídio de esposa, assassinato de insetos, pequena morte de uma formiga, massacre de galinha e de pinto; homicídio involuntário de peixes; abandono de cachorro e de velhas; ou, enfim, assassinato de personagens.[58]

> Como não amá-lo, se ele viveu até o décimo-terceiro tiro o que eu dormia? Sua assustada violência. Sua violência inocente – não nas consequências, mas em si inocente como a de um filho de quem o pai não tomou conta. [...] é uma coisa que em nós é tão intensa e límpida como uma grama perigosa de *radium*, essa coisa é um grão de vida que se for pisado se transforma em algo ameaçador – em amor pisado [...]. Mineirinho viveu por mim a raiva, enquanto eu tive calma. Foi fuzilado na sua força desorientada, enquanto um deus fabricado no último instante abençoa às pressas a minha maldade organizada e a minha justiça estupidificada [...]. (LE, 254)

Uma aprendizagem ou O livro dos prazeres (1969): A prece

Uma aprendizagem ou O livro dos prazeres nasce da lição de compaixão aprendida ao longo de anos rudes. Depois do aprendizado do monólogo, por meio da eremita G.H. no quarto fechado, vem o do diálogo e o do desejo. Clarice Lispector celebra suas bodas de prata com a literatura ao publicar esse sexto romance, de que ela, no entanto, não gosta.

O que é que lhe desagrada? A criação de Ulisses? Professor de filosofia, ele orquestra a iniciação amorosa de Lóri, sua futura amante. Ponto culminante do ensinamento do homem para a mulher, cuja progressão acompanhamos desde *Perto do coração selvagem* (Joana/o professor), passando por *O lustre* (Virgínia/seu irmão Daniel) e "Os desastres de Sofia".[59] É o fim do ciclo dos ensinamentos? Escrevendo em terceira pessoa, Clarice toma distância novamente de seus personagens. Deixa-os dialogar como nunca. Suas conversas são às vezes impregnadas de uma simplicidade hermética:

> – Que é que eu faço? Não estou aguentando viver. A vida é tão curta e eu não estou aguentando viver.
> – Mas há muitas coisas, Lóri, que você ainda desconhece. E há um ponto em que o desespero é uma luz e um amor.
> – E depois?
> – Depois vem a Natureza.
> – Você está chamando a morte de Natureza.
> – Não, Lóri, estou chamando a nós de Natureza. (ALP, 142)

A ingenuidade de Lóri e a condescendência de Ulisses desconcertam menos que essa "troca" que aflora bruscamente depois de uma cena de amor:

> – Esta noite eu queria engravidar.
> – Seja paciente. Aliás, da próxima vez, você tem que tomar cuidado porque vamos esperar pelo momento certo de ter um filho. Antes, para facilitar, inclusive, o certo será mesmo nos casarmos. (ALP, 172)

A aprendizagem da delícia de "estar viva através do prazer" tem seu avesso (ALP, 97). E a tarefa de Clarice também, que consiste em recriar o Éden e festejar o amor. Mas Adão e Eva talvez não estejam à altura. Ela sabe disso e se desculpa no início com um aviso: "Este livro se pediu uma liberdade maior que tive medo de dar. Ele está muito acima de mim. Humildemente tentei escrevê-lo. Eu sou mais forte do que eu".

O livro é antes uma prece, um pedido de amor endereçado ao outro. Oração de Lóri:

> Nessa mesma noite tinha gaguejado uma prece para o Deus e para si mesma: alivia a minha alma, faze com que eu sinta que Tua mão está dada à minha, faze com que eu sinta que a morte não existe porque na verdade já estamos na eternidade, faze com que eu sinta que amar é não morrer, que a entrega de si mesmo não significa a morte e sim a vida [...]. (ALP, 125)

Em uma crônica publicada na mesma época que redige o romance, Clarice recita essa prece em favor de um padre que pediu para rezar por ele. Aprende a fazê-lo "com algum pudor", abrindo-se assim ao espaço do outro, Deus, Ulisses, seus leitores ou ela mesma divina (DM, 24). Prece dirigida a Deus: "[...] fazei com que eu não sobreviva aos que eu amo".[60] Reza com mais segurança lá pelo fim de sua vida: "Fiz o que era mais urgente: uma prece" (SV, 128). Prazer de rezar e falar. "Eu só rezo porque palavras me sustentam. Eu só rezo porque a palavra me maravilha." (EPR, 35)

 E prazer da identidade: "Quem reza, reza para si próprio chamando-se de outro nome". A intensificação das trocas com os leitores, graças a suas crônicas semanais, a ajuda a restabelecer a comunicação rompida por G.H. Lóri retoma contato com o mundo cotidiano e "como se ela fosse um pintor que acabasse de ter saído de uma fase abstracionista, agora, sem ser figurativista, entrara num realismo novo" (ALP, 137).

 Suas meditações solitárias, intercaladas entre os diálogos com Ulisses, reportam-nos à busca espiritual de G.H. Porém, nenhum dos personagens da autora nos havia anunciado uma distribuição dos papéis sociais tão diferenciados entre o homem e a mulher: "Ele, o homem, se ocupava atiçando o fogo. Ela nem se lembrava de fazer o mesmo: não era o seu papel, pois tinha o seu homem para isso. Não sendo donzela, que o homem então cumprisse a sua missão" (ALP, 114). Realismo representativo de uma das cenas do espetáculo tradicional da sedução. Não esqueçamos que Lóri vive no Brasil dos anos 1960. E Clarice escreve para as crianças em *A mulher que matou os peixes*, no mesmo ano do romance: "Quase todas as mães têm medo de rato. Os pais não: até gostam porque se divertem caçando e matando esse bicho" que a narradora detesta (MP, 11). Lóri pinta o rosto de forma exagerada e compra roupas justas para agradar a Ulisses. Inicia-se no sentimento amoroso, seguindo o modelo infantil e apaixonado de um certo narcisismo, aprendendo a se gostar antes de realizar um passo de amor em direção ao outro.

Produz-se, no entanto, uma reviravolta, mais original, de um tema muito antigo que percorre o texto:

> Foi no dia seguinte que entrando em casa viu a maçã solta sobre a mesa. [...] Depois de examiná-la, de revirá-la, de ver como nunca vira a sua redondez e sua cor escarlate – então devagar, deu-lhe uma mordida.
>   E, oh Deus, como se fosse a maçã proibida do paraíso, mas que ela agora já conhecesse o bem, e não só o mal como antes. Ao contrário de Eva, ao morder a maçã entrava no paraíso. (ALP, 146)

O último gesto de *A maçã no escuro*, vasta parábola da criação, consistia somente em tentar "pegar no escuro uma maçã – sem que ela caia" (ME, 257). Já Lóri come a fruta proibida: "Só deu uma mordida e depositou a maçã na mesa. Porque alguma coisa desconhecida estava suavemente acontecendo. Era o começo – de um estado de graça". A personagem tem uma aptidão ao gozo: morde a vida sob forma de maçã ou de palavra. Prazer da boca:

> Assim falou-lhes que aritmética vinha de "arithmos" que é ritmo, que número vinha de "nomos" que era lei e norma, norma do fluxo universal da criança. Era cedo demais para lhes dizer isso, mas gozava do prazer de falar-lhes, queria que eles soubessem, através das aulas de português, que o sabor de uma fruta está no contato da fruta com o paladar e não na fruta mesmo. (ALP, 110)

Lóri ensina às crianças sua verdade, mesmo que elas não possam compreendê-la. Animada pelo desejo de se comunicar o mais sinceramente possível, Clarice deixa de lado as máscaras ao escrever para elas: "Antes de começar, quero que vocês saibam que meu nome é Clarice" (MP, 10). Jura que tudo que conta em seu livro é "a pura verdade e *aconteceu mesmo*" (MP, 53). Se a comunicação com a criança advém sem choques, com o adulto é diferente:

> Lembrou-se de escrever a Ulisses contando o que se passara,*
> mas nada se passara dizível em palavras escritas ou faladas, era bom aquele sistema que Ulisses inventara: o que não soubesse ou não pudesse dizer, escreveria e lhe daria o papel mudamente – mas dessa vez não havia sequer o que contar. (ALP, 13)

---

* Espaço em branco no original.

A corrente se estabelece graças à união sexual com Ulisses. Lóri começa, enfim, a falar depois de ter sido impedida pela dificuldade de casar as palavras às coisas e pelo receio de ser julgada por Ulisses, pelo medo do julgamento inexistente diante de seus alunos. Quando não está mais representando, mas presente, fora da relação de sedução na qual seu desejo se exacerbava, eis que tentam reduzi-la ao silêncio:

> – Meu amor, disse ela sorrindo, você me seduziu diabolicamente. Sem tristeza nem arrependimento, eu sinto como se tivesse enfim mordido a polpa do fruto que eu pensava ser proibido. Você me transformou na mulher que sou. Você me seduziu, sorriu ela. Mas não há sordidez em mim. Sou pura como uma mulher na cama com o seu homem. Mulher nunca é pornográfica. Eu não saberia ser, apesar de nunca ter estado tão intimamente com ninguém. Você entende?
> – Entendi e sei disto. Mas não gosto de falar tudo. Saiba também calar-se para não se perder em palavras.
> – Não. Eu me calei a vida toda. Mas está bem, falarei menos. (ALP, 169)

Clarice só tem a lamentar, se não a cena íntima, ao menos o pedantismo desmancha-prazeres de Ulisses e o conformismo miserável de Lóri. Ela se vinga docemente da arrogância de Ulisses quando, ao final do livro, dito dos prazeres, censura a palavra do Adão moderno: "– Eu penso, interrompeu o homem e sua voz estava lenta e abafada porque ele estava sofrendo de vida e de amor, eu penso o seguinte:".

Maliciosa compensação: dá o nome de Ulisses não somente ao cachorro que possuirá na realidade, mas também ao cachorro narrador de *Quase de verdade*, seu último livro para crianças: "Sabe quem eu sou? Sou um cachorro chamado Ulisses e minha dona é Clarice. Eu fico latindo para Clarice e ela – que entende o significado de meus latidos – escreve o que eu lhe conto".

Em Lóri, apesar de Ulisses, vive a palavra poética: "sentou-se para descansar e em breve fazia de conta que ela era uma mulher azul porque o crepúsculo mais tarde talvez fosse azul, faz de conta que fiava com fios de ouro as sensações, faz de conta que a infância era hoje e prateada de brinquedos [...]" (ALP, 12). O ouro em Lóri e o poder da forma em movimento em Lispector. Desde a abertura do livro, encontramos Lóri em atividade: "estando tão ocupada, viera das compras de casa que a empregada fizera às pressas [...]". Penélope tece essa primeira frase em três páginas, desfia seu sopro de ouro, já no início tira nosso fôlego; e ainda não afinamos nossas respirações. A partir do segundo capítulo, o ritmo se modifica: "Haviam-se passado momentos ou três mil anos?" Se há perturbação dos tempos verbais, o presente, no entanto, vence. As pulsações variáveis da vida fundem capítulos sem nome e parágrafos. Palavra atemporal e luminosa no lugar de capítulo, como "Luminescência", ou ainda frase-parágrafo com partes graficamente destacadas:

> [...] apelara histericamente para tantos sentimentos contraditórios e violentos que o sentimento libertador terminara desprendendo-a da rede, na sua ignorância animal ela não sabia sequer como,*
>
> estava cansada do esforço de animal libertado. (ALP, 14)

A respiração de frase inusitada, que ouvíamos desde *Perto do coração selvagem*, é regulada por uma pontuação pessoal como joias de rainha, da qual, evidentemente, não abre mão. Envia o seguinte bilhete ao linotipista do *Jornal do Brasil*, em uma crônica datando da época da redação de *Uma aprendizagem ou O livro dos prazeres*:

> Desculpe eu estar errando tanto na máquina. Primeiro é porque minha mão direita foi queimada. Segundo, não sei por quê. Agora um pedido: não me corrija. A pontuação é a respiração da frase, e minha frase respira assim. E se você me achar esquisita, respeite também. Até eu fui obrigada a me respeitar. Escrever é uma maldição. (DM, 89)

Uma outra aprendizagem: a consideração por si mesma. O alvo: a autonomia.

---

* Espaço em branco no original.

Água viva (1973): Revestimento de ouro
Lóri-Clarice ri ao descobrir em seu caminho que pode dispensar o professor e brota, então, *Água viva*, que se abre sobre estas águas, estas palavras:

> É com uma alegria tão profunda. É uma tal aleluia. Aleluia, grito eu, aleluia que se funde com o mais escuro uivo humano da dor de separação mas é grito de felicidade diabólica. Porque ninguém me prende mais. Continuo com capacidade de raciocínio – já estudei matemática que é a loucura do raciocínio – mas agora quero o plasma – quero me alimentar diretamente da placenta. (AV, 9)

Água viva: efusão, expansão de rainha em plena maturidade. Três décadas de escritura são coroadas por uma estrela de seis pontas cujo centro se ilumina no mesmo ano de sua morte, com *A hora da estrela*. Estrela de Davi lacrada para sempre. O primeiro triângulo romanesco grava a luta de Joana, Virgínia e Lucrécia para se tornarem rainhas; o segundo, fechado com o livro dos prazeres, imprime a luta de Martim, G.H. e Lóri para darem a si mesmos um reino à sua altura. O signo de Clarice:

Perto do coração selvagem (1944)

A paixão segundo G.H. (1964) *Uma aprendizagem ou O livro dos prazeres* (1969)

A hora da estrela (1977)

O lustre (1946) *A cidade sitiada* (1949)

A maçã no escuro (1961)

Água viva: círculos de ouro líquido em torno da estrela. Espiral prolongada ao infinito apesar da inevitável última página: "O que te escrevo é um 'isto'. Não vai parar: continua". Se "este livro é uma linha reta no espaço", lê-se como deve ter sido escrito: em movimentos circulares (AV, 21). É possível imaginar a linha reta como um traço ligando o finito ao infinito, ou ainda a narradora, ponto de emanação do texto, à eternidade da obra. Uma linha reta como vontade de propagação: "Quero na música e no que te escrevo e no que pinto, quero traços geométricos que se cruzam no ar e formam uma desarmonia que eu entendo" (AV, 79). A narradora se deixa envolver pelo jogo sério e alegre do crescimento assimétrico em espiral, pelo jogo movediço do presente. Registrando suas "mutações faiscantes", conta "uma história de instantes que fogem como os trilhos fugitivos que se veem da janela do trem" (AV, 40, 88). Tenta captar a permanência do ser no coração da mobilidade do que está vivo, "captar a quarta dimensão do instante-já que de tão fugidio não é mais porque agora tornou-se um novo instante-já que também não é mais" (AV, 9). Esclarece-nos sobre essa quarta dimensão que não é o tempo, mas o Verbo:

> A ÚLTIMA PALAVRA será a quarta dimensão.
> Comprimento: ela falando
> Largura: atrás do pensamento
> Profundidade: eu falando dela, dos fatos e sentimentos
> e de seu atrás do pensamento. (SV, 22)

Se *A paixão segundo G.H.* constituía ainda uma narrativa, G.H. contando o que havia se passado no seu quarto na véspera, a narradora de *Água viva*, dez anos depois, nos fala com as palavras ardentes de seu presente, nosso presente de leitura. Oferece-nos fragmentos de sua vida. Mas antes terá sido necessário um aprendizado dos prazeres para aceitar se abandonar à liberdade de sentir e pensar. Ao cabo de sua iniciação, Lóri – assim como a sereia Loreley, que, do rochedo, joga-se no mar – abre a via à água viva do texto homônimo: "Ela era antes uma mulher que procurava um modo, uma forma. E agora tinha o que na verdade era tão mais perfeito: era a grande liberdade de não ter modos nem formas" (ALP, 166). O poder da água informe molda todas as formas. Ficção aquática: como o rochedo limita a água, somente a realidade "delimita" a narradora. E de nada adianta querer rotulá-la, pois aqui nada-se entre as palavras, os sons e as cores. *Água viva* é um vasto triângulo sinestésico fusionando a escrita, a música e a pintura:

> Hoje acabei a tela de que te falei: linhas redondas que se interpenetram em traços finos e negros, e tu, que tens o hábito de querer saber por que – e porque não me interessa, a causa é matéria de passado – perguntarás por que os traços negros e finos? é por causa do mesmo segredo que me faz escrever

> agora como se fosse a ti, escrevo redondo, enovelado e tépido, mas às vezes frígido como os instantes frescos, água do riacho que treme sempre por si mesma. O que pintei nessa tela é passível de ser fraseado em palavras? Tanto quanto possa ser implícita a palavra muda no som musical. (AV, 11)

A narradora de *Água viva* é pintora. Clarice descobre um *hobby*:

> Quanto ao fato de eu escrever, digo – se interessa a alguém – que estou desiludida. É que escrever não me trouxe o que eu queria, isto é, paz. Minha literatura, não sendo de forma alguma uma catarse que me faria bem, não me serve como meio de libertação. Talvez de agora em diante eu não mais escreva, e apenas aprofunde em mim a vida. Ou talvez esse aprofundamento de vida me leve de novo a escrever. De nada sei. O que me "descontrai", por incrível que pareça, é pintar, e não ser pintora de forma alguma, e sem aprender nenhuma técnica. Pinto tão mal que dá gosto e não mostro meus, entre aspas, "quadros" a ninguém. É relaxante e ao mesmo tempo excitante, mexer com cores e formas sem compromisso com coisa alguma. É a coisa mais pura que faço.[61]

Pinta o "figurativo do inominável" (AV, 97). Acham-na, então, hermética? Realizadas em 1975, algumas de suas pinturas a óleo sobre madeira têm por título "Raiva", "Esperança", "Perdida na vaguidão", "Ao amanhecer", "Cérebro adormecido", "Eu te pergunto POR QUE", "Tentativa de ser feliz", "Luta sangrenta pela paz", "Caos, metamorfose, sem sentido", "Escuridão e luz: centro da vida". Telas abstratas? Seja no campo da pintura, seja no da música ou da literatura, o que se considera sempre uma abstração aparece antes para Lispector como "o figurativo de uma realidade mais delicada e mais difícil, menos visível a olho nu" (DM, 492). Como pintar, por exemplo, o medo, invisível, mas bem concreto? Clarice pinta um quadro que uma amiga lhe sugere veementemente não olhar a fim de não sair ferida. Em "Magia", texto preparado para sua participação no Primeiro Congresso Mundial de Bruxaria, comenta esta tela habitada pelo medo-pânico de um ser no mundo:

> É uma tela pintada de preto tendo mais ou menos ao centro uma mancha terrivelmente amarelo-escura e no meio uma nervura vermelha, preta e de amarelo-ouro. Parece uma boca sem dentes tentando gritar e não conseguindo. Perto dessa massa amarela, em cima do preto, duas manchas totalmente brancas que são talvez a promessa de um alívio. Faz mal olhar este quadro. (EPR, 57)

Procura uma nova forma. Em uma dessas fases inclementes, mas inelutáveis entre um livro e outro, "períodos hiatos em que a vida fica intolerável",⁶² distancia-se momentaneamente da escrita. Está certa de que vai escrever no futuro "de um modo diferente" (DM, 303). Interroga artistas, conversa sobre amor e arte com vários brasileiros célebres em suas áreas: escultura, gravura, poesia, música, orquestração etc. Oferece o resultado dessas entrevistas à imprensa escrita antes de reuni-las num livro sob o título *De corpo inteiro* (1975).⁶³ Deseja aprender tudo, e sua espontaneidade só se compara à sua curiosidade. Prova disso é a pergunta que faz a uma pintora que admira:

> Eu quero saber tudo a seu respeito. E cabe a você selecionar o seu tudo, pois não quero invadir sua alma. Quero saber por que você pinta e quero saber por que as pessoas pintam. Quero saber que é que você faria em matéria de arte se não fosse pintura. Quero saber como é que você foi andando a ponto de se chamar Djanira. E quero a verdade, tanto quanto você possa dar sem ferir-se a si própria. Se você quiser me enganar, me engane, pois não quero que nenhuma pergunta minha faça você sofrer. Se você sabe cozinhar, diga, porque tudo o que vier de você eu quero. (CI, 72)

Acaba encontrando almas irmãs ao longo de suas peregrinações em outros reinos. Desvenda-nos indiretamente um desejo de fusionar as artes. No momento da redação de *Água viva*, fez a uma delas, Maria Bonomi, várias perguntas de ordem técnica a propósito do desenho, da luz etc.

> Ela é eu e eu é ela e de novo ela é eu. Como se fôssemos gêmeas de vida. E o livro que eu estava tentando escrever e que talvez não publique corre de algum modo paralelo com a sua xilogravura. [...] Maria escreve meus livros e eu canhestramente talho a madeira.⁶⁴

É a época em que modela *Água viva*, no qual labutou durante três anos "cortando e tirando, lutando, lutando, até que saiu o livro" cuja primeira versão tinha 280 páginas.⁶⁵ Desejava que cada palavra fosse plena e falasse por si. A ficção de menos de cem páginas, intitulada antes *Atrás do pensamento*, depois *Objeto gritante*, inscreve-se decididamente na modernidade. A autora utiliza aí a palavra enquanto matéria, cor ou linha, como se executasse uma tela abstrata. Talvez ela escrevesse porque não soubesse pintar? "A verdade é que simplesmente me faltou o dom para a minha verdadeira vocação: a de desenhar. Porque eu poderia, sem finalidade nenhuma, desenhar e pintar um grupo de formigas andando ou paradas – e sentir-me inteiramente realizada nesse trabalho." (DM, 296) Em "Explicação para quem talvez não entenda", imagina: "Se eu soubesse pintar, lutaria por conseguir pintar a forma completa de um ovo" (VE, 64). A narradora de *Água viva* pinta o ovo que Clarice, sabendo ver e escrever a respeito, sente-se inapta a desenhar?

> Isto tudo que estou escrevendo é tão quente como um ovo quente que a gente passa depressa de uma mão para a outra e de novo da outra para a primeira a fim de não se queimar – já pintei um ovo. E agora como na pintura só digo: ovo e basta. (AV, 100)

"Aliás, verdadeiramente, escrever não é quase sempre pintar com palavras?" (DM, 296) Como epígrafe a *Água viva*, a citação do crítico de arte Michel Seuphor confirma a preocupação bem contemporânea de Clarice:

> Tinha que existir uma pintura totalmente livre da dependência da figura – o objeto – que, como a música, não ilustra coisa alguma, não conta uma história e não lança um mito. Tal pintura contenta-se em evocar os reinos incomunicáveis do espírito, onde o sonho se torna pensamento, onde o traço se torna existência.

O objeto se mescla ao não figurativo nesse "antilivro",[66] primeira ficção não romanesca de Lispector. Talvez seja por isso que a narradora declara nunca ter sido "moderna": ela pinta flores. O que há de mais clássico? No entanto, não descreve o objeto, mas propaga luz sobre sua sombra, imperceptível ao olho cansado do adulto fatigado.

> Dama-da-noite tem perfume de lua cheia. É fantasmagórica e um pouco assustadora e é para quem ama o perigo. Só sai de noite com o seu cheiro tonteador. Dama-da-noite é silente. E da esquina deserta e em trevas e dos jardins de casas de luzes apagadas e janelas fechadas. É perigosíssima: é um assobio no escuro, o que ninguém aguenta. (AV, 70)

Associação alógica de sensações – o fantasma de Rimbaud sopra sobre as vogais coloridas – arte da sinestesia. Poeta da noite, Clarice nos revela o que nossos olhos não sentem – o perfume –, mas que seu nariz vê – a lua. Ouve o grito da flor na escuridão. Triângulo formado pela fusão de três sentidos – visão, audição, olfato – e perfeição circular de uma visão lunar. A sinestesia, figura de eleição da escritora, à imagem de seu sonho de casamento das artes. Quando ela escreve, o que faz? Está "tentando fotografar o perfume" (AV, 65). Fotos de instantes ou quadros de momentos de graça. Eis uma tela da coleção *Água viva* que poderia se intitular "Mulher e cavalo":

> Já vi cavalos soltos no pasto onde de noite o cavalo branco – rei da natureza – lançava para o alto ar seu longo relincho de glória. Já tive perfeitas relações com eles. Lembro-me de mim de pé com a mesma altivez do cavalo e a passar a mão pelo seu pelo nu. Pela sua crina agreste. Eu me sentia assim: a mulher e o cavalo. (AV, 60)

O esboço de "uma sensação atrás do pensamento" desenvolve-se em "Seco estudo de cavalos", editado em *Onde estivestes de noite*, um dos dois livros de contos de Clarice lançados um ano após *Água viva*. Quinze exercícios levando o nome de estudo prolongam reflexões iniciadas em *A cidade sitiada*. Os cavalos habitam a narradora, assim como a cidade tinha sido invadida por eles em seu terceiro romance. Se tivesse podido escolher, Clarice gostaria de ter nascido cavalo. O cavalo é um meio de transporte que dá acesso ao coração selvagem perdido:

> O cavalo representa a animalidade bela e solta do ser humano? O melhor do cavalo o ente humano já tem? Então abdico de ser um cavalo e com glória passo para a minha humanidade. O cavalo me indica o que sou. (OEN, 47)

Onde estivestes de noite **(1974): Uma noite no templo**
Pisoteia como um cavalo cego, tomada pelo "secreto desejo de galopar" (OEN, 48). Agora, sem freio, Clarice Lispector gira em círculo. É o depois de *Água viva*, prosa poética, em que assumia uma forma livre ajustada a sua escrita do fragmento. Repete-se, transpondo o "grande vazio" que sente depois de ter acabado uma obra importante.[67] Pisoteia: em *Onde estivestes de noite*, 17 textos dos quais a maioria já apareceu em crônica ou em livro. Esforça-se para avançar e redige um "anticonto". Já se sabe, o gênero não a "pega mais" (AV, 14): "O relatório da coisa", repetido pela terceira vez nesse livro, é oferecido dois anos antes a seus leitores do *Jornal do Brasil* com a seguinte nota introdutória:

> Este relatório-mistério, este anticonto geométrico foi publicado na revista *Senhor*, de São Paulo. Na sua apresentação, Nélson Coelho diz que tento matar em mim a escritora. Cita vários escritores que tentaram o suicídio da palavra escrita. Nenhum deles conseguiu. "Como Clarice não conseguirá", escreve Nélson Coelho.
> O que tentei com essa espécie de relatório? Acho que queria fazer um anticonto, uma antiliteratura. Como se assim eu desmistificasse a ficção. Foi uma experiência valiosa para mim. Não importa que eu tenha falhado.[68]

Onze páginas de uma forma desenhada no espaço da escrita, história de ovo renovada. Trata-se dessa vez de um relatório sobre um relógio:

> Nós dividimos o tempo quando ele na realidade não é divisível. Ele é sempre e imutável. Mas nós precisamos dividi-lo. E para isso criou-se uma coisa monstruosa: o relógio. Não vou falar sobre relógios. Mas sobre um determinado relógio. O meu jogo é aberto: digo logo o que tenho a dizer e sem literatura. Este relatório é a antiliteratura da coisa. (OEN, 85)

A literatura exaspera Clarice. Julguemos pela resposta à carta de uma admiradora:

> Não fiquei contente por você, H. M., falar na beleza de minhas contribuições literárias. Primeiro porque a palavra *beleza* soa como enfeite, e nunca me senti tão despojada da palavra beleza. A expressão "contribuições literárias" também não adorei, porque exatamente ando numa fase em que a palavra *literatura* me eriça o pelo como o de um gato. (DM, 96)

A artista atravessa uma fase de rejeição? Ao visitar a faculdade de Letras de uma universidade do Rio de Janeiro, recusa-se a penetrar na biblioteca. Não ser "culta" é o seu pretexto (DM, 686). Não assistirá também a uma aula de História da Arte que ocorre naquele momento, pois "chega de arte", mesmo que ela seja "artista". Tem "vergonha" de ser escritora: "não *dá pé*". E escrever se aparenta demais a uma atividade "mental e não intuitiva".

Vanguardista muito além do esteticismo, vibra em um universo de experimentação que exclui o ideal do Belo e em que o estilo, mesmo o pessoal, é "um obstáculo a ser ultrapassado" (DM, 206). "Experimentalista" de si mesma, não tem nada de teórica. Ela o admite na ocasião de sua conferência sobre "Literatura de vanguarda no Brasil", que aceita dar somente por razões econômicas e por amor às viagens:

> Além do fato de eu não ter tendência para a erudição e para o paciente trabalho da análise literária e da observação específica, acontece que, por circunstâncias externas e internas, não posso dizer que tenho acompanhado de perto a efervescência dos movimentos que surgiram e das experiências que se tentaram, quer no Brasil, como fora do Brasil. Nunca tive, enfim, o que se chama verdadeiramente de vida intelectual. Pior ainda, embora sem essa vida intelectual eu, pelo menos, poderia ter tido o hábito ou gosto de pensar sobre o fenômeno literário, mas também isso não fez parte de meu caminho. Apesar de ocupada desde que me conheço, com escrever, infelizmente faltou-me também encarar a literatura de fora para dentro, isto é, como abstração. Literatura para mim é o modo como os outros chamam o que nós fazemos. E pensar agora, em termos de literatura, no que nós fazemos e vivemos foi para mim uma experiência.*

Etapa em direção a um autoconhecimento aprofundado, o relatório da coisa é essencial para Lispector – e basta. Seu relatório sobre o mistério da coisa – o mecanismo de um relógio despertador, por exemplo, ou os fenômenos energéticos da matéria – comanda uma renovação formal, e até uma sobriedade estilística:

> Este é um relatório. Sveglia não admite conto ou romance o que quer que seja. Permite apenas transmissão. Mal admite que eu chame isto de relatório. Chamo de relatório do mistério. E faço o possível para fazer um relatório seco como champanha ultrasseco. (OEN, 80)

* Cf. nota 10 em "O espírito das línguas".

"Onde estivestes de noite" aparece como um outro relatório, dando título ao livro que Clarice não considera "grande coisa".[69] É o relatório de uma misteriosa noite sabática orquestrada por um Ele-ela com poderes demoníacos. Transmissão salvadora de crueza? "A jornalista fazendo uma reportagem magnífica da vida crua. Vou ganhar fama internacional como a autora de 'O exorcista' que não li para não me influenciar. Estou vendo direto a vida crua, eu a estou vivendo. 'Eu sou solitário, se disse o masturbador.'" (OEN, 63)

Fracasso para uns, delírio liberador para a autora. Curiosamente, "À procura de uma dignidade" e "A partida do trem", títulos dos dois primeiros textos de *Onde estivestes de noite*, simbolizam a fase flutuante pela qual está passando, depois de ter abandonado o veículo dos gêneros. Esses textos de abertura auguram o frenesi que arrebentará em "Onde estivestes de noite" e em "O relatório da coisa", precedidos de "Seco estudo de cavalos", anunciador de uma impetuosidade desenfreada. Já no início, há uma velha senhora à beira dos setenta anos, "à procura de uma dignidade", solta nos dédalos do espaço – o labirinto dos corredores de um estádio de futebol e o das ruas do Rio de Janeiro –, e nos dédalos do tempo – os minutos e os segundos vividos antes de poder deixar a sala de conferência. Ouve-se o grito mudo final da Senhora Jorge B. Xavier que, chegando, enfim, ao lugar do encontro, deseja logo voltar para casa, sendo a conferência "um pesadelo": "tem! que! haver! uma! Porta! de! saíííííída!" (OEN,15, 22). Os devaneios de Ângela Pralini e de outra senhora de 77 anos desfilam logo em seguida, em "A partida do trem". As duas partilham o mesmo compartimento e momentos de diálogos, entrecortados de instantes de divagação, sobre suas respectivas vidas. Ângela Pralini toca o trompete do delírio: "A coerência, não a quero mais. Coerência é mutilação. Quero a desordem. Só adivinho através de uma veemente incoerência" (OEN, 35). O fantasma da loucura a espreita, avisa-nos Ângela.

Clarice estaria se sentindo uma velha senhora da escrita? Há trinta anos, publica livros. Faz livros com seus "sete fôlegos de gato" e com a força de Ângela Pralini, que encoraja a si mesma a vencer o medo e ir "em frente, sempre".

Sempre.
Como o trem. (OEN, 38)

Angelical Ângela, porta de saíííííída de Clarice. Ângela Pralini, poderosa em seu instinto de vida, é sua última personagem feminina e sua salvação. Ângela voa, constata-se mais adiante, até *Um sopro de vida*, seu último projeto literário. Ângela: anjo da guarda do fim da existência, saída de emergência. Ângela deixa o amante Eduardo por aversão ao intelectualismo dele, libertando-se, assim, desse racionalismo a que se chocam seus instintos. Pensa o que Clarice grita – discretamente, é claro, exigências de uma conferência – na ocasião de sua comunicação sobre literatura de vanguarda. Necessidade de vida, não de teoria. Ângela reflete:

> "Eduardo", pensou ela para ele, "eu estava cansada de tentar ser o que você achava que sou. Tem um lado mau – o mais forte e o que predominava embora eu tenha tentado esconder por causa de você – nesse lado forte eu sou uma vaca, sou uma cavala livre e que pateia no chão, sou mulher da rua, sou vagabunda – e não uma "letrada". Sei que sou inteligente e que às vezes escondo isso para não ofender os outros com minha inteligência, eu que sou uma subconsciente. Fugi de você, Eduardo, porque você estava me matando com essa sua cabeça de gênio que me obrigava a quase tapar os meus ouvidos com as duas mãos e quase gritar de horror e cansaço. [...] Mas eu sou física, meu amor, eu sou física e tive que esconder de ti a glória de ser física. E você, que é o próprio fulgor do raciocínio, embora não saiba, era alimentado por mim. Você, superintelectual e brilhante e deixando todos admirados e boquiabertos." (OEN, 33)

Na estação, Clarice espera o próximo trem, encantada por Ângela.

A via crucis do corpo (1974): Pátio do templo

Depois do aprendizado sobre o prazer, Clarice Lispector é chamada a trilhar o caminho dos sentidos. As palavras que seguem, em epígrafe, ao lado de três citações bíblicas, conviriam bem a Ângela Pralini, que conhece a urgência sagrada do corpo: "Eu, que entendo o corpo. E suas cruéis exigências. Sempre conheci o corpo. O seu vórtice estonteante. O corpo grave. (Personagem meu ainda sem nome)".

São 13 contos, assim como em *Laços de família*. No entanto, nenhuma história de família, muito pelo contrário. Leia-se um excerto da "Explicação preliminar":

> Hoje é dia 12 de maio, Dia das Mães. Não fazia sentido escrever nesse dia histórias que eu não queria que meus filhos lessem porque eu teria vergonha. Então disse ao editor: só publico sob pseudônimo. Até já tinha escolhido um nome bastante simpático: Cláudio Lemos. Mas ele não aceitou. Disse que eu devia ter liberdade de escrever o que quisesse. Sucumbi. Que podia fazer? Senão ser a vítima de mim mesma. Só peço a Deus que ninguém me encomende mais nada. Porque, ao que parece, sou capaz de revoltadamente obedecer, eu a inliberta.

As três primeiras histórias, escritas sob encomenda e executadas em apenas um dia – "Miss Algrave", "O corpo", "Via crucis" –, funcionam como um desencadeador. Clarice libera, em seguida, outras histórias sob o impulso de uma imaginação que efetuava, em dois textos de *Onde estivestes de noite*, uma incursão tímida na pornografia: em "À procura de uma dignidade", a quase septuagenária Senhora Jorge B. Xavier fantasiava estar sendo "possuída pelo inalcançável ídolo de televisão" Roberto Carlos; e em "Onde estivestes de noite" todos estavam "prestes a se apaixonar", prontos para o "Sexo. Puro sexo" (VC, 16, 67). A autora assinala em *post-scriptum* a sua "explicação":

> "O homem que apareceu" e "Por enquanto" também foram escritos no mesmo domingo maldito. Hoje, 13 de maio, segunda-feira, dia da libertação dos escravos – portanto da minha também – escrevi "Danúbio azul", "A língua do 'P'" e "Praça Mauá". "Ruído de passos" foi escrito dias depois numa fazenda, no escuro da grande noite. (VC)

Não nos havia habituado a essa ginástica libertina à qual se lança e pela qual se sente chocada: "Todas as histórias deste livro são contundentes. E quem mais sofreu fui eu mesma. Fiquei chocada com a realidade. Se há indecências nas histórias a culpa não é minha". Havia projetado efetuar esses exercícios de liberação, abandonando até mesmo seu "estilo natural" como meio de "depuração" (DM, 206). O que ela iria escrever, então, seria "o destino humano na sua pungência mortal. A pungência de se ser esplendor, miséria e morte. A humilhação e a podridão perdoadas porque fazem parte da carne fatal do homem e de seu modo errado na terra". O que ela escreveria? "O prazer dentro da miséria. É a minha dívida de alegria a um mundo que não me é fácil."

"Carne fraca" (VC, 62), carne triste diante do prazer: Cândida Raposo, com 81 anos, em conversa com o ginecologista, aprende como satisfazer sozinha seus desejos sexuais insaciados; Maria Angélica de Andrade, aos setenta anos, compra um amante de 17, que a explora; junto dessas histórias, há uma tentativa de estupro num trem e o assassinato de um homem pelas suas duas amantes.[70] No meio do caminho entre a crônica e o conto, esses textos compõem, entre outros, *A via crucis do corpo*. A autora não esconde a fragilidade deles:

> Uma pessoa leu meus contos e disse que aquilo não era literatura, era lixo. Concordo. Mas há hora para tudo. Há também a hora do lixo. Este livro é um pouco triste porque eu descobri, como criança boba, que este é um mundo-cão. (VC, 10)

O mundo animal, tomado no sentido próprio, prevalece sobre a literatura. Em "O homem que apareceu", a narradora conversa com um velho amigo enquanto tomam café. Ele se dirige ao seu cachorro: "Se você quebrar esta xícara vai apanhar de mim". Depois se admira em ver como o animal o escuta: "Veja como ele me olha, ele me entende". Ela tenta, então, tranquilizar o amigo mais para incrédulo: "Eu também entendo você./ – Você? a você só importa a literatura./ – Pois você está enganado. Filhos, famílias, amigos, vêm em primeiro lugar" (VC, 47). O homem, desconfiado, insiste: "Você jura que a literatura não importa?" Ela jura com a segurança que provém de uma verdade interior e acrescenta: "Qualquer gato, qualquer cachorro vale mais do que a literatura".

Formulado pela narradora de "Dia após dia", sua aversão pela literatura se assemelha a uma autoproteção contra as acusações antecipadas da crítica:

> Sei lá se este livro vai acrescentar alguma coisa à minha obra. Minha obra que se dane. Não sei por que as pessoas dão tanta importância à literatura. E quanto ao meu nome? que se dane, tenho mais em que pensar. (VC, 65)

Fracassa na tarefa de nos levar a um universo crível de instintos desenfreados, apesar da intenção obscena a que a narradora faz alusão? "Pense bem antes de escrever um livro pornográfico", avisam-na (VC, 64). Falta-lhe experiência para empreender o desafio pornográfico? Previne-nos: não é "de brincadeiras", é uma "mulher séria" (VC, 10). Percebe-se uma vontade artificial de vulgaridade que se esquece dificilmente. Em "Antes da ponte Rio-Niterói", reconduz, no entanto, o leitor ao mundo da ficção em que se move com naturalidade:

> Mas estou me confundindo toda ou é o caso que é tão enrolado que se eu puder vou desenrolar. As realidades dele são inventadas. Peço desculpa porque além de contar os fatos também adivinho e o que adivinho aqui escrevo, escrivã que sou por fatalidade. Eu adivinho a realidade. (VC, 73)

Visão do esplendor (1975): **Portas do templo**

Mas o cavalo pisoteia e pisoteia. *Visão do esplendor* reúne novamente, em sua maioria, crônicas já publicadas no *Jornal do Brasil*. Clarice Lispector retoma, como introdução, um texto sobre a cidade de Brasília, editado dez anos antes em *A legião estrangeira*. Acrescenta a ele umas vinte páginas intituladas "Brasília: esplendor".

Esplendor de Brasília e *spleen* de Clarice. Liga os dois textos sobre o Distrito Federal com este fragmento:

> Estive em Brasília em 1962. Escrevi sobre ela o que foi agora mesmo lido. E agora voltei, 12 anos, depois por dois dias. E escrevi também. Aí vai tudo o que eu vomitei. "Atenção: vou começar. Esta peça é acompanhada pela valsa *Sangue Vienense* de Strauss. São 11h20 da manhã do dia 13. (VE, 13)

Texto em valsa, forma livre e ritmada, música orquestrada à imagem de Brasília, surgida de uma visão magnificente, de um sonho de grandeza e construída sobre um planalto desértico:

> Brasília é uma cidade abstrata. E não há como concretizá-la. É uma cidade redonda e sem esquinas. [...] Em Brasília não se tem praticamente onde cair morto. Mas tem uma coisa: Brasília é proteína pura. Eu disse ou não disse que Brasília é uma quadra de tênis? [...] Mas que nariz bonito Brasília tem. É delicado. [...] Em Brasília é sempre domingo. [...] Brasília é o mistério classificado em arquivos de aço. [...] Brasília é guindaste alaranjado pescando coisa muito delicada: um pequeno ovo branco. (VE, 13, 18, 21, 22, 26, 28)

Corpo a corpo com a estranha cidade, relação física com a mãe Brasília, a estrangeira, personificação alucinante de uma cidade, pelo menos, extraordinária, amor e ódio, fascinação, acerto de contas: "Aí te pego, Brasília! E vais sofrer torturas terríveis nas minhas mãos! Você me incomoda, ó gélida Brasília, pérola entre os porcos. Oh apocalíptica" (VE, 20).

"Brasília" justifica por si só, visto sua luminosidade, a publicação de crônicas antigas – às vezes pela terceira vez – em *Visão do esplendor*, título incandescente como fogo de palha. Pois é ainda a hora da repetição: "Tenho tanta vontade de me repetir, só para chatear" (VE, 25). Porque se aborrece, a autora se retoma. Relemos suas crônicas agora apresentadas como "impressões leves", expressão escolhida para qualificar seus textos inclassificáveis.

Limpa e cozinha lenta e secretamente para nela acolher *A hora da estrela*. *Visão do esplendor* termina com este fragmento de crônica:

Estou com saudade de mim. Ando pouco recolhida, atendo demais ao telefone, escrevo depressa, vivo depressa. Onde estou eu? Preciso fazer um retiro espiritual para encontrar-me enfim – enfim, mas que medo – comigo mesma.

A hora da estrela (1977): O cântico dos cânticos

Do recolhimento nasce *A hora da estrela*; do silêncio, um grito, de Clarice, Macabéa. Esta filha anônima do Nordeste está "tão viva" quanto o narrador Rodrigo S.M. que conta sua história. Macabéa se impõe ao narrador, que se vê obrigado a falar dela: "Eu não inventei essa moça. Ela forçou dentro de mim a sua existência" (HE, 24, 37).

A hora da estrela é a história da vida de uma jovem órfã indo trabalhar no "inacreditável" Rio de Janeiro. Redigido durante dois anos e meio, o livro fez a escritora sofrer, pois devia extrair de seu passado doloroso o Nordeste de sua infância. Educada em Recife, ao norte de Alagoas, de onde vem Macabéa, é só aos 12 anos que Clarice, órfã de mãe, se instala no Rio com a família. Perde seu pai aos 19 anos, idade de Macabéa. A urgência de Lispector, que morre pouco tempo depois do lançamento do livro, é expressa pelo narrador:

> E foi quando pensei em escrever sobre a realidade, já que essa me ultrapassa. [...] Parece que estou mudando de modo de escrever. Mas acontece que só escrevo o que quero, não sou um profissional – e preciso falar dessa nordestina senão sufoco. (HE, 22)

Canto do cisne Clarice. Porém não gosta muito de seu último romance, a julgar pela dedicatória do exemplar reservado à secretária Olga Borelli. Diz achar o livro ruim, "superficial", mesmo se, no momento da redação, sentiu-se inspirada.[71]

A crítica elogia *A hora da estrela*, louva a intensidade das percepções da autora e a sobriedade da escritura na medida da pobreza de Macabéa. Consciente da necessidade de não poetizar as "fracas aventuras de uma moça numa cidade toda feita contra ela", precisa, por meio de seu narrador, que:

> · É claro que, como todo escritor, tenho a tentação de usar termos suculentos: conheço adjetivos esplendorosos, carnudos substantivos e verbos tão esguios que atravessam agudos o ar em vias de ação, já que palavra é ação, concordais? Mas não vou enfeitar a palavra pois se eu tocar no pão da moça esse pão se tornará em ouro [...]. Tenho então que falar simples para captar a sua delicada e vaga existência. (HE, 19)

A crítica nota também uma mudança de orientação: é descrita uma realidade social. Clarice narra a existência miserável de uma migrante na cidade grande, "a história de uma moça tão pobre que só comia cachorro-quente. [...] A história é de uma inocência pisada, de uma miséria anônima".⁷² "História lacrimogênica" sem piedade ou sentimentalismo, como deseja o narrador subitamente apaixonado por fatos brutos. Será esse o fruto da experiência da crônica na escrita de Lispector? É uma deformação semiprofissional (para não dizer profissional, já que ela sempre se verá como uma amadora)? O interesse inesperado pelas "pedras duras", os "fatos sem literatura", e por essa Macabéa-crônica seria uma necessidade temporária? (HE, 21) Com efeito, abandonando temporariamente pensamentos e sensações, o narrador prevê voltar a elas:

> Como eu disse, essa não é uma história de pensamentos. Depois provavelmente voltarei para as inominadas sensações, até sensações de Deus. Mas a história de Macabéa tem que sair senão eu estouro. (HE, 57)

Rodrigo se propõe a contar uma verdadeira história romanesca. Clarice nunca escreveu uma, preocupada demais com o "pensar-sentir" sobre a coisa em si: "Assim é que experimentarei contra os meus hábitos uma história com começo, meio e '*gran finale*' seguido de silêncio e de chuva caindo" (HE, 17). Ela supera um sentimento persistente de incapacidade para tratar de temas sociais. Sua tolerância consigo mesma ao escrever consiste em se "perdoar" por não saber como se "aproximar de um modo literário (isto é, transformado na veemência da arte) da 'coisa social'" (LE, 149). O fato social sempre lhe foi crucial: os casebres de Recife foram "sua primeira verdade". Acredita ter uma forma ingênua de se aproximar do fato social: "eu queria era 'fazer' alguma coisa, como se escrever não fosse fazer. O que não consigo é usar escrever para isso, por mais que a incapacidade me doa e me humilhe". A esse respeito, fazia a seguinte reflexão que atribuiria parcialmente à personagem feminina Lóri: ela não queria fazer parte de um mundo onde o rico devora o pobre. Como não lhe parecia senão um movimento idealista o agregar-se aos que lutavam contra o esmagamento da vida como esta era, então fechou-se numa individualização que, se ela não tomasse cuidado, podia se transformar em solidão histérica e contemplação.⁷³ "Implícita" como a narradora de *Água viva*, cujo ser profundo "está sempre escondido", no entanto, a autora se resigna a ser indiscreta no romance (AV, 29). Exprime-se com uma clareza digna da história crua de Macabéa. A fim de expulsar a impressão de não poder fazer nada por Macabéa, indubitavelmente "uma pessoa física", Rodrigo S.M. visa a uma simplicidade de linguagem não contaminada por palavras "brilhantes e falsas" (HE, 28, 45). Livrando-se do peso de sua impotência em ajudar concretamente a nordestina, ele a descreve "em traços vivos e ríspidos de pintura":

> Moça essa – e vejo que já estou quase na história – moça essa que dormia de combinação de brim com manchas bastante suspeitas de sangue pálido. Para adormecer nas frígidas noites de inverno enroscava-se em si mesma, recebendo-se e dando-se o próprio parco calor. Dormia de boca aberta por causa do nariz entupido, dormia exausta, dormia até o nunca. (HE, 22, 30)

Lóri, ao olhar as frutas do mercado como se fosse um pintor realista, já anunciava a experiência figurativa que, agora, fascina Rodrigo S.M. O narrador tira vários retratos de Macabéa e usa pinceladas fortes para retratar Glória, colega de trabalho que roubará o namorado dela, o nordestino Olímpico de Jesus Moreira Chaves, perdido também no "invencível" Rio:

> Glória roliça, branca e morna. Tinha um cheiro esquisito. Porque não se lavava muito, com certeza. Oxigenava os pelos das pernas cabeludas e das axilas que ela não raspava. Olímpico: será que ela é loura embaixo também? (HE, 77)

O autor, "na verdade Clarice Lispector", dedica o livro ao "antigo Schumann e sua doce Clara"; ela se dedica, entre outras coisas:

> à tempestade de Beethoven. À vibração das cores neutras de Bach. A Chopin que [lhe] amolece os ossos. A Stravinsky que [lhe] espantou e com quem vo[ou] em fogo. À "Morte e Transfiguração", em que Richard Strauss [lhe] revela um destino? Sobretudo dedic[a-se] às vésperas de hoje e a hoje, ao transparente véu de Debussy, a Marlos Nobre, a Prokofiev, a Carl Orff, a Schönberg, aos dodecafônicos, aos gritos rascantes dos eletrônicos [...].

Ela infunde o fato musical na escrita. O narrador de *A hora da estrela* fecha o ciclo que vai da infância à morte de Clarice. Seu pai a sujeitava a torturantes lições de piano, mas ela preferia compor. Aos nove anos, inventa uma música de que ainda se recorda quando adulta e que consegue "reproduzir com dedos lentos" (DM, 58). Contando essa lembrança, pergunta-se, sem conceder resposta, por que compôs a música no ano do falecimento de sua mãe. A peça musical era constituída de duas partes: "a primeira é suave, a segunda, meio militar, meio violenta, uma revolta, suponho". A música que Rodrigo S.M. aspira criar na escrita lembra os dois movimentos da composição infantil de Clarice:

> E a palavra não pode ser enfeitada e artisticamente vã, tem que ser apenas ela. Bem, é verdade que também queria alcançar uma sensação fina e que esse finíssimo não se quebrasse em linha perpétua. Ao mesmo tempo que quero também alcançar o trombone mais grosso e baixo, grave e terra [...]. (HE, 25)

Já na primeira página, o narrador canta, com voz forte e aguda, uma melodia "sincopada e estridente". Informa-nos a respeito dos instrumentos que o escoltam em seu projeto de escrita:[74] "Esqueci de dizer que tudo o que estou agora escrevendo é acompanhado pelo rufar enfático de um tambor batido por um soldado" (HE, 28). Cessaremos de ouvir o instrumento de percussão no instante em que Rodrigo começa a história. Mas antes, observa no espelho a nordestina e "– um rufar de tambor – no espelho aparece o [s]eu rosto cansado e barbudo". Durante as trinta primeiras páginas, pontuadas pelo tambor, o narrador se aquece antes de iniciar a história de Macabéa. Em seguida, entra em cena um "violino plangente tocado por um homem magro bem na esquina. A sua cara é estreita e amarela como se ele já tivesse morrido. E talvez tenha" (HE, 30). Esse psicopompo se materializa durante a agonia de Macabéa, que jaz sobre o solo depois de ter sido atropelada por uma Mercedes amarela:

> Apareceu, portanto, um homem magro de paletó puído tocando violino na esquina. Devo explicar que este homem eu vi uma vez ao anoitecer quando eu era menino em Recife e o som espichado e agudo sublinhava com uma linha dourada o mistério da rua escura. Junto do homem esquálido havia uma latinha de zinco onde barulhavam secas as moedas dos que o ouviam com gratidão por ele lhes planger a vida. Só agora entendo e só agora brotou-se-me o sentido secreto: o violino é um aviso. Sei que quando eu morrer vou ouvir o violino do homem e pedirei música, música, música. (HE, 98)

Transportada pelo amor à música, explora diversos universos musicais, do romantismo ao atonal, de Schumann a Schönberg. Casam-se, assim, os tons objetivo e subjetivo, elementos descritivos frios e uma quente compaixão:

> E como já foi dito ou não foi dito Macabéa tinha ovários murchos como um cogumelo cozido. Ah pudesse eu pegar Macabéa, dar-lhe um bom banho, um prato de sopa quente, um beijo na testa enquanto a cobria com um

cobertor. E fazer que quando ela acordasse encontrasse simplesmente o grande luxo de viver. (HE, 71)

Pluralidade das vozes e das formas. Ao monólogo autobiográfico do narrador, sucedem diálogos intermitentes entre Macabéa e Olímpico, Glória, o médico e a cartomante. Essas conversas são entrecortadas por observações de Rodrigo S.M., tanto de maneira subjetiva, como ocorre em *Água viva*, quanto de modo mais objetivo, como no texto "O relatório da coisa". Os 13 títulos do romance nos previnem sobre a plurivalência da obra e a presença notável de um narrador que se toma por uma personagem:

> A CULPA É MINHA OU A HORA DA ESTRELA OU ELA QUE SE ARRANJE OU O DIREITO AO GRITO OU QUANTO AO FUTURO OU LAMENTO DE UM BLUE OU ELA NÃO SABE GRITAR OU UMA SENSAÇÃO DE PERDA OU ASSOVIO NO VENTO ESCURO OU EU NÃO POSSO FAZER NADA OU REGISTRO DOS FATOS ANTECEDENTES OU HISTÓRIA LACRIMOGÊNICA DE CORDEL OU SAÍDA DISCRETA PELA PORTA DOS FUNDOS.

O narrador, que possui o imenso poder da linguagem, sente-se culpado de levar Macabéa à morte: "a culpa é minha", reconhece ele logo de início. Clama pela própria inocência: "Até tu, Brutus?".

> Sim, foi este o modo como eu quis anunciar que – que Macabéa morreu. Vencera o Príncipe das Trevas. Enfim a coroação. [...] Mas que não se lamentem os mortos: eles sabem o que fazem. [...] Sou inocente! Não me consumam! Não sou vendável! Ai de mim, todo na perdição e é como se a grande culpa fosse minha. (HE, 102)

Clarice denuncia o abuso de poder sobre suas personagens, bem antes de decretar a morte brutal de Macabéa: "Morro de pena de meus personagens. Se eu pudesse, ah se eu pudesse, como facilitaria a vida deles, como lhes daria mais amor. Mas nada posso fazer senão lhes dar esperança, e leves empurrões para a frente" (VE, 155). Deixa-os sofrer com piedade, resignação e coragem: "são filhos meus e, no entanto, abaixo a cabeça às suas dores. Por isso adio tanto em escrever um livro. Já sei como vou ser torturada e castigada". Sente-se impotente mais uma vez: "Mas nada posso fazer: tudo o que vive sofre".

Rodrigo implora que o perdoem por ter traído Macabéa, conduzindo à morte uma moça "tão antiga que poderia ser uma figura bíblica", vítima de nome predestinado (HE, 38). A narradora de *A mulher que matou os peixes* conclui sua história solicitando o perdão a seus jovens leitores por ter deixado morrer de fome seus peixes vermelhos: "Eu peço muito que vocês me desculpem. De agora em diante nunca mais ficarei distraída. Vocês me perdoam?"

Personagens ou peixes, pouco importa: é o poder mágico do Verbo em causa. Pela confissão de impotência de Rodrigo S.M., que "jura" não conseguir fazer nada pela personagem, Lispector alivia sua culpa de manipuladora de palavras. A narradora de "Os desastres de Sofia" acreditava, em criança, que tudo o que se inventa é mentira. Ângela pretende ver em si uma charlatã, mesmo que afirme não mentir. Sente-se "culpada por tudo" e cobiça o repouso do espírito: "Por piedade, me deixem viver! eu peço pouco, é quase nada, mas É um tudo! paz, paz, paz!" (SV, 127) Clarice também sente ter um charlatão dentro de si, que não chega a vencê-la porque ela é fundamentalmente "honesta".[75] Explica-nos: "As palavras é que me impedem de dizer a verdade. Simplesmente não há palavras" (EPR, 85).

Mas "as coisas estão no ar".[76] O narrador de *A hora da estrela* capta, em um relâmpago, numa rua do Rio de Janeiro, o ar disperso de uma migrante: "peguei no ar de relance o sentimento de perdição no rosto de uma moça nordestina" (HE, 16). E é assim que ele sabe "tudo o que vai se seguir", mesmo sem o ter vivido. Esses clarões de transmissão telepática, fulgurações de uma vidência momentânea, surgiriam no romance sob a forma de umas vinte explosões entre parênteses? As deflagrações repercutem quando Macabéa faz uma visita a Madame Carlota, a cartomante:

> E eis que (explosão) de repente aconteceu: o rosto da madama se acendeu todo iluminado: – Macabéa! Tenho grandes notícias para lhe dar! Preste atenção, minha flor, porque é da maior importância o que vou lhe dizer. [...] Não! Não! Não! Agora estou vendo outra coisa (explosão) e apesar de não ver muito claro estou também ouvindo a voz de meu guia. (HE, 91)

As explosões de *A hora da estrela* detonam mudas nas pulsações de *Um sopro de vida*.

Um sopro de vida (1978): **Morada eterna**

Um sopro de vida é um testamento fragmentário e fragmentado "escrito em agonia", segundo as próprias palavras da secretária de Clarice Lispector, durante os últimos anos de sua vida. Olga Borelli organizou esse livro póstumo, que reúne sensações-pensamentos capitais dispersos ao longo da obra da escritora. Iniciado em 1974 e interrompido às vésperas de sua morte, em 1977, *Um sopro de vida* vê o fragmento consagrado como gênero:

> Este ao que suponho será um livro feito aparentemente por destroços de livro. Mas na verdade trata-se de retratar rápidos vislumbres meus e rápidos vislumbres de meu personagem Ângela. Eu poderia pegar cada vislumbre e dissertar durante páginas sobre ele. Mas acontece que no vislumbre é, às vezes, que está a essência da coisa. [...] Cada anotação é escrita no presente. O instante já é feito de fragmentos. Não quero dar um falso futuro a cada vislumbre de um instante. Tudo se passa exatamente na hora em que está sendo escrito ou lido. (SV, 18)

Esse livro de "não memória" (SV, 31), escrito "às apalpadelas" (SV, 30), gruta de clarões, nos é apresentado como um duplo diário: o do narrador Autor, intitulado "O sonho acordado é que é a realidade", e o "Livro de Ângela".[77] Eis a forma básica tomada pelo informe centro escuro "fosforescente" do Autor e de Ângela, "de onde se irradiam as palavras" (SV, 30). Em seu diário, o Autor deixa Ângela falar e, no diário dela, transmite-nos seus comentários entre duas visões da personagem.

"Diálogo de surdos", o livro de sonho acordado, se aproximaria do modo de escrever "delicadíssimo, esquizoide" ao qual o Autor deseja chegar (SV, 83, 88). O desdobramento entre um narrador masculino e uma personagem feminina repete o de Rodrigo S.M. inventando Macabéa. Clarice retoma a si mesma: "Estou com a impressão de que ando me imitando um pouco. O pior plágio é o que se faz de si mesmo" (SV, 30).

Um sopro de vida é uma tentativa de ser dois. Mesmo o Autor estimando a intuitiva Ângela "muito parecida com o [s]eu contrário", em vários momentos os dois se fundem, fato do qual ele toma consciência (SV, 42):

> Ângela às vezes escreve frases que nada têm a ver com o que se estava falando. Creio que essas inopinadas interferências são como as estáticas elétricas que interferem e cruzam a música no rádio. Nela, simplesmente se grudam as cruzadas elétricas do ar. E se isso acontece é porque ela não sabe escrever, escreve tudo, sem selecionar. Eu mesmo, se não tomar cuidado,

> às vezes me oponho à interferência elétrica e começo a falar de repente de um trator alaranjado. O trator que me ocorre é porque estou plagiando sem querer Ângela. (SV, 114)

Ao contrário da muda Macabéa, que se impunha a Rodrigo, Ângela se expressa, influenciando o Autor: "Noto com surpresa, mas com resignação que Ângela está me comandando. Inclusive escreve melhor que eu. Agora os nossos modos de falar se entrecruzam e se confundem" (SV, 120). Sobrevive até ao seu criador: "Ângela é mais forte do que eu. Eu morro antes dela" (SV, 161). Ângela não morre, apesar da "alma assassina" (SV, 133) do Autor que, não a suportando mais, hesita entre matá-la ou levá-la ao suicídio, como Margarida Flores, personagem de um dos dois últimos contos de Clarice.[78] Ele vai transformá-la em vítima, em Macabéa? Realizará o ato proibido de matar, que preocupa a própria Ângela?

> Hoje matei um mosquito. Com a mais bruta das delicadezas. Por quê? Por que matar o que vive? Sinto-me uma assassina e uma culpada. E nunca mais vou esquecer esse mosquito. Cujo destino eu tracei. A grande matadora. Eu, como um guindaste, a lidar com um delicadíssimo átomo. Me perdoe, mosquitinho, me perdoe, não faço mais isso. Acho que devemos fazer coisa proibida – senão sufocamos. Mas sem sentimento de culpa e sim como aviso de que somos livres. (SV, 63)

Matar ou não matar Ângela. A seguinte prece não foi incluída em *Um sopro de vida*: "Eu sei que Eduardo será meu. E que Ângela ou se suicidará ou será atropelada... Ave Maria, cheia de graça, fazei com que Ângela morra de câncer, eu vos suplico de joelhos".[79] Supressão intencional de Clarice? O Autor revela que cortou "muito mais que a metade" do livro (SV, 20). Ou então teria evitado inserir no texto final, simplesmente porque Eduardo é aí mencionado, personagem apenas esboçado? Seria por discrição, temendo que se identifique Ângela com Clarice, ela mesma com câncer? Pois isso pode ser lido no "Livro de Ângela", a escritora também é essa personagem feminina inventada por ela e nos confia:

> O objeto – a coisa – sempre me fascinou e de algum modo me destruiu. No meu livro *A cidade sitiada* eu falo indiretamente no mistério da coisa. [...] Depois veio a descrição de um imemorável relógio chamado Sveglia: relógio eletrônico que me assombrou e assombraria qualquer pessoa viva no mundo. [...] No "O ovo e a galinha" falo no guindaste. (SV, 102)

Ela é onipresente, apesar de sua tentativa de nos fazer crer o contrário: "Eu que apareço neste livro não sou eu. Não é autobiográfico, vocês não sabem nada de mim. Nunca te disse e nunca te direi quem sou. Eu sou vós mesmos" (SV, 19). Cada coisa possuindo seu contrário, o livro é também autobiográfico: o quadro que Ângela está pintando leva o mesmo título que um quadro executado na realidade por Clarice: "Sem sentido".

Ângela, que deseja "compor uma sinfonia" ou "pintar um quadro de um quadro", não seria o Autor/Lispector que não pode "imaginar uma vida sem a arte de escrever ou de pintar ou de fazer música"? (SV, 84, 49, 82) Não seria a Clarice que, debruçada sobre o mistério dos objetos, casa as palavras, a cor e a música, para formar o cortejo sinestésico dos pensamentos de Autor guiando Ângela na escrita de sua "História das coisas"? (SV, 99)

Nesse livro, "tocado ao piano", cujas "notas são límpidas e perfeitas, umas separadas das outras" (SV, 14), Clarice retorna às sensações depois do fatual *A hora da estrela*. Os dados e os fatos a irritam, com efeito, tanto quanto aborrecem o personagem Autor. Os elementos biográficos não retêm sua atenção. Assim, num conto escrito no ano de sua morte, atribui, no início, três filhos a Carla de Sousa e Santos e, distraidamente, tira-lhe um deles algumas páginas depois.[80] Lapso revelador de identificação da criadora com suas criaturas? Introduz descuidadamente um dado de sua biografia na história da personagem. Carla se identifica com o mendigo da rua, agora seu alter ego, "feito da mesma matéria que ela": "Por um motivo que ela não saberia explicar – ele era verdadeiramente ela mesma" (BF, 144, 145).

O Autor, em *Um sopro de vida*, atesta essa fusão: "Sou um mendigo de barba cheia de piolhos sentado na calçada da rua chorando. Não passo disso" (SV, 89). Ângela também: "Porque 'pus' parece de ferida feia e marrom na perna de mendigo e a gente se sente tão culpada por causa da ferida com pus do mendigo e o mendigo somos nós, os degredados" (SV, 95).

E Clarice Lispector? Estrangeira mendiga ferida que "interrompeu a vida indo para a terra. Mas não a terra em que se é enterrado e sim a terra em que se revive" (SV, 162).

À guisa de retiro

En una Noche oscura,
con ansias en amores inflamada,
[...]
En la Noche dichosa
en secreto, que nadie me veía,
ni yo miraba cosa,
sin otra luz y guía,
sino la que en el corazón ardía.

San Juan de la Cruz
Canciones del alma

    Retirei-me por um dia da vida. Passei-o na cama com histórias policiais. Pode parecer brinquedo tal retiro. Mas na verdade é lindo e transparente. Retiro-me do mundo, não mostrando a ninguém minhas feridas. Não mostro as minhas nem a Deus. Respondo aos ataques do mundo fazendo corpo mole. É num desses de corpo mole que morrerei sozinha como um homem nu.
    Mas um dia mostrarei a Deus a minha face. E esta será tão terrível que Ele se assustará. Minha face lhe dirá: olhe, olhe o que você fez de mim ao me fazer humana. Mas será a cara de um cadáver sem susto, já sem perigo de morrer, nada mais tendo a temer. Quando eu perder meu corpo triste ficarei de espírito livre e solto nos ventos das montanhas. Sem nada o que fazer por toda a eternidade. Pousando numa árvore de tronco escuro, ora pousando numa das rochas da terra. As grandes perguntas me aterrorizam. Não ouso fazê-las. Mas eu vou ser alguma coisa depois de morta? E para quê?
    Estou escrevendo na cama, deixei de lado por um instante o livro que lia. Sinto-me sozinha em pleno centro civilizado do mundo. Embaixo do meu edifício estão britando a rua num ruído incessante e infernal. E no meio disso estou eu em silêncio, repousando do último ataque que a vida me deu e que foi quase fatal. Só de quem se ama tanto é que pode partir a grande flechada que nos atinge em pleno rosto espantado. Não me queixo: só que me retiro de cena e faço corpo mole.
    Leio sobre os grandes crimes e remexo-me nas trevas humanas. Provavelmente também eu uma criminosa em potencial. E quem não o é? Mexi-me demais no mundo das paixões e agora recolho-me para lamber mi-

nhas feridas ainda quentes de sangue. Não, não estou fazendo confidências. Nunca a úmida confidência. E sim o seco depoimento de uma mulher sem ilusões. Pouco me resta, pouco tenho a perder. Estou livre. É uma liberdade grave e muda. Também com certa tristeza que existe na liberdade. Mas sinto que coisas me prendem ao mundo e espero morrer sem que essas coisas me sejam tiradas. Não quero viver muito por medo de dar tempo de me cortarem em pedaços.

Com estilo sem estilo dos bons contistas de história policial, aprendo a relatar, aprendo a denunciar. Eu denuncio a pureza do mundo. Denuncio as trevas em que vivemos, trevas de ambições e desejos que se reviram como cobras empilhadas. Desço fundo no meu retiro espiritual. E por estranho que pareça será do fundo de meu abismo que renascerei com um rosto calmo, quem sabe se até mesmo com a leve força de um sorriso.

Minha cama é dura, as histórias são duras, minha luta é dura, as histórias que vivi são duras. Aceito o desafio. Mas estou no momento sem muita força. Eu quereria poder escrever sobre pedras e não sobre homens. Quero a seca engenharia dos guindastes. Quero esse ruído dos britadores que riem alto na luta.

Li hoje histórias de homens que não puderam mais resistir, – e eu hei de resistir? A tentação do pior é grande e, para não sucumbir a ela, apago-me, apago a chama de minha vida pequena. Reduzo-me a quase zero. Só me resta o ritmo respiratório leve.

E é este ritmo respiratório, que, bem sei, me levará a me levantar desta cama e de novo desejar. Desejar o quê?

Desejar apenas que esse ritmo respiratório tão leve perdure um pouco mais. Para eu poder beijar uma criança. Tudo tem que ser bem de leve para eu não me assustar e não assustar os que amo. Pedem-me pouco, pedem-me quase nada. O terrível é que eu tenho muito para dar e tenho que engolir esse muito e ainda por cima dizer com delicadeza: obrigada por receberem de mim um pouquinho de mim.

Acho que tenho dito. Resta-me me levantar dessa falsa cama de enfermo e começar ainda desajeitadamente a lutar. Tudo isso que eu escrevi, agora é para mim mesmo, não é para ninguém mais. Sou dura na queda. Adeus.[1]

Havia um preço enorme a pagar para entrar na noite, realizar a *Magnum Opus*, revelar a luz presa na matéria, transmudar as trevas, a feiura em beleza, a pequenez em imensidão e o silêncio em palavras. O estilhaço de sua ferida, transfigurada em sua obra, jorra sobre nós. Clarice Lispector inspira.

Os artistas da música, do cinema, da dança, do teatro não se desencorajam diante das dificuldades de adaptação para a tela ou o palco de seus textos abissais.

Apesar da repercussão suscitada por sua obra, que hoje ultrapassa largamente as fronteiras do Brasil, o orgulho de Clarice, diga-se de passagem, não se relacionava ao plano literário. Cerca de um ano antes de sua morte, é o que admite à imprensa ao precisar:

> Gosto que me achem bonita. Isto, sim... Me faz um bem enorme. Eu tive muitos admiradores. Há homens que nem em dez anos me esqueceram. Há o poeta americano que ameaçou suicidar-se porque eu não correspondia...[2]

E o crítico que, segundo seu próprio testemunho, ajoelhou-se a seus pés no meio da sala? Esse incidente basta para responder à pergunta de um jornalista sobre a importância que a crítica e os críticos têm para ela...

Concluir... concluir... não vou, porque não há um fim. Apenas sinais, estrelas e caminhos, tal como o caminho das forças não visíveis a olho nu. Esse percurso me atraiu mesmo que não o tenha percorrido aqui. Não sem motivo: o mundo oculto exerce uma verdadeira fascinação sobre Lispector, que se afirmava mística sem ser adepta a uma religião: acreditava em tudo, em macumba e em cartomancia. O quanto é difícil, contudo, em nossa época de denso materialismo, falar, em termos não gastos por séculos de judaísmo-cristão, sobre a relação extremamente complexa de Clarice com Deus, o "grande fantasma", de que ela diz precisar "tanto dele que Ele existe".[3]

Contemplei a via mística de Clarice Lispector, cuja obra prefigura o século XXI, em que se fundirão o religioso e o científico. Mas é um outro caminho da paixão que trilhei. Não quis, por outro lado, desempenhar um papel de crítico, fingindo estar do lado de fora quando se sabe que se encontra dentro. Caminhei assim na noite da alma que incendiou sua obra. Contar esta aventura iniciática? Foi possível apenas sugeri-la, ser uma pequena tocha, propagar o fogo sagrado, soprar sobre sua chama que é também a nossa.

Notas

O ESPÍRITO DAS LÍNGUAS

1   As fontes dos textos citados, ao longo deste ensaio, foram indicadas por uma sigla, seguida do respectivo número de página. Se o fragmento citado se estendeu a mais de uma página, só foi assinalada aquela em que ele começa. Além de *Clarice Lispector: Esboço para um possível retrato* (EPR), de Olga Borelli (Nova Fronteira, Rio de Janeiro, 1981), eis a lista dos livros de C.L. citados ao longo deste ensaio:

PCS   *Perto do coração selvagem* (romance). 6ª ed. Rio de Janeiro: José Olympio, 1977 (Rio de Janeiro: A Noite, 1944).
LU   *O lustre* (romance). Rio de Janeiro: Agir, 1946.
CS   *A cidade sitiada* (romance). 5ª ed. Rio de Janeiro: Nova Fronteira, 1982 (Rio de Janeiro: A Noite, 1949).
LF   *Laços de família* (contos). Rio de Janeiro: Francisco Alves, 1960.
ME   *A maçã no escuro* (romance). Rio de Janeiro: Francisco Alves, 1961.
LE   *A legião estrangeira* (contos e textos curtos). Rio de Janeiro: Edição do Autor, 1964.
PSGH *A paixão segundo G.H.* (romance). 5ª ed. Rio de Janeiro: José Olympio, 1977 (Rio de Janeiro: Edição do Autor, 1964).
MC   *O mistério do coelho pensante* (conto para crianças). 4ª ed. Rio de Janeiro: Rocco, 1981 (Rio de Janeiro: José Alvaro, 1967).
ALP   *Uma aprendizagem ou O livro dos prazeres* (romance). 11ª ed. Rio de Janeiro: Nova Fronteira, 1982 (Rio de Janeiro: Sabiá, 1969).
MP   *A mulher que matou os peixes* (conto para crianças). Rio de Janeiro: Sabiá, 1969.
FC   *Felicidade clandestina* (contos e textos curtos). 3ª ed. Rio de Janeiro: Nova Fronteira, 1981 (Rio de Janeiro: Sabiá, 1971).
AV   *Água viva* (ficção). 5ª ed. Rio de Janeiro: Nova Fronteira, 1980 (Rio de Janeiro: Artenova, 1973).
VC   *A via crucis do corpo* (contos). Rio de Janeiro: Artenova, 1974.
OEN   *Onde estivestes de noite* (contos e textos curtos). Rio de Janeiro: Artenova, 1974.
VI   *A vida íntima de Laura* (conto para crianças). 2ª ed. Rio de Janeiro: Nova Fronteira, 1983 (Rio de Janeiro: José Olympio, 1974).
CI   *De corpo inteiro* (entrevistas). Rio de Janeiro: Artenova, 1975.
VE   *Visão do esplendor: Impressões leves* (crônicas). Rio de Janeiro: Francisco Alves, 1975.
HE   *A hora da estrela* (romance). Rio de Janeiro: José Olympio, 1977.

    SV   *Um sopro de vida* (prosa). 3ª ed. Rio de Janeiro: Nova Fronteira, 1980 (1978).
    QV   *Quase de verdade* (conto para crianças). 2ª ed. Rio de Janeiro: Rocco, 1981 (1978).
    BF   *A bela e a fera* (contos). Rio de Janeiro: Nova Fronteira, 1979.
    DM   *A descoberta do mundo* (crônicas). Rio de Janeiro: Nova Fronteira, 1984.

2. "Mãe, filha, amiga", *O Globo*, 10/12/1977.
3. Testemunho recolhido por Olga Borelli.
4. Carta a Andréa Azulay. Fonte: Olga Borelli. A carta de C.L. acabou sendo publicada em *Correspondências* (org. Teresa Montero, Rio de Janeiro: Rocco, 2002) e em *Todas as cartas* (Rio de Janeiro: Rocco, 2020).
5. Excertos de "Trecho" na revista *Vamos Ler,* Rio de Janeiro, 9/11/1941, p. 10. Publicado em *Clarice Lispector: Outros escritos* (org.Teresa Montero e Lícia Manzo, Rio de Janeiro: Rocco, 2005).
6. Carta de 13/07/1941. Fonte: Arquivo-Literatura da Fundação Casa de Rui Barbosa (FCRB). Publicada em Correspondências e em Todas as cartas, op. cit., nota 4
7. Versão integral de "Literatura de Vanguarda no Brasil". Fonte: Arquivo-Literatura da Fundação Casa de Rui Barbosa (FCRB). O texto da conferência foi publicado em *Clarice Lispector: Outros escritos*. Rio de Janeiro: Rocco, 2005.
8. Texto da comunicação do escritor na ocasião da IX Feira Internacional do Livro da Argentina.
9. Na França, a Editora Des Femmes publica *Brasileiras – voix, écrits du Brésil* (Paris, 1977). As revistas *Europe* (n. 640-41) e *Magazine Littéraire* (n. 187) dedicam, em 1982, um número especial à literatura do Brasil; em 1987, a *Quinzaine Littéraire* (n. 484) publica "Écrivains du Brésil" e, em 1989, a *Lettre Internationale* (n. 20) publica "Thèmes brésiliens". A revista espanhola *El Paseante* (n. 11) oferece, em 1985, um dossiê bilíngue sobre o Brasil. A *Lendemains*, de Berlim, lança em 1982 um número especial: "France – Amérique Latine". A *Anthropos*, de Barcelona, consagrou um número especial a C.L. em 1997. Por outro lado, o Brasil foi o país homenageado nas Feiras Internacionais do Livro em Frankfurt (1992 e 2013) e em Paris (1998 e 2015).
10. "Literatura de Vanguarda no Brasil", *Movimientos literarios de vanguardia en Iberoamérica*, memoria del XI Congreso, Mexico: Universidade de Texas, 1965. Cf. nota 7, *Clarice Lispector: Outros escritos*.
11. Em 1983, as revistas *Dérives* e *Etudes Littéraires* publicam, respectivamente, um número especial sobre a literatura brasileira e outro intitulado "Regards du Brésil sur la littérature du Québec"; a revista *Voix et Images* oferece, em 1986, um dossiê comparatista Quebec-América Latina. Em Montreal, ocorreu um colóquio sobre "Culture et littérature brésiliennes", organizado pela *Dérives* em colabo-

ração com o Departamento de Estudos Literários da Université du Quebec, em Montreal (UQÀM). Houve durante alguns anos intercâmbios entre a UQÀM, a Universidade Federal do Rio Grande do Sul e a Universidade Federal Fluminense de Niterói, assim como entre esta última e a Universidade Laval, da cidade de Quebec, e desta canadense com a Universidade de São Paulo. Em 1989, saem, em Montreal, dois números de revistas consagrados a C.L. (*Études Françaises* e *La Parole Métèque*). Foi publicado *Confluences Littéraires. Brésil-Québec: Les Bases d'une comparaison* (Candiac: Balzac, 1992), sob a direção de Michel Peterson e Zilá Bernd. Outra revista quebequense, *Liberté*, apresentou, em 1994, um número chamado "Brasilittéraire". O Centre d'Études et de Recherches sur le Brésil, da UQÀM, primeiro núcleo canadense de estudos brasileiros, é fundado em setembro de 2001, pelo professor Bernard Andrès, que escreveu, com Zilá Bernd, *L'identitaire et le littéraire dans les Amériques* (Quebec: Nuit Blanche, 1999). A editora Triptyque, de Montreal, publicou em 2007 uma nova edição de *Clarice Lispector: Rencontres brésiliennes* (1ª ed. Laval: TROIS, 1987). Em 2008, saiu um coletivo bilíngue francês e português, *Traversées/Travessias*. Organizado por Danielle Forget e Humberto de Oliveira pela editora Adage, em Montreal, com autores quebequenses e brasileiros; o volume foi impresso no Brasil e no Quebec.

12 Cf. nota 10.
13 Idem.
14 Cf. *Le Livre de Promethea*, de Hélène Cixous. Paris: Gallimard, 1983. p. 47; e entrevista com C.L. dada ao Museu da Imagem e do Som (MIS) do Rio de Janeiro (20/10/1976), transcrita e impressa na coleção Depoimentos da Fundação do MIS, "Clarice Lispector", vol. 7, 1991, p. 7. A entrevista com Marina Colasanti e Affonso Romano de Sant'Anna foi também reproduzida em *Outros escritos*, op. cit., nota 5, e em *Encontros: Clarice Lispector* (Rio de Janeiro: Beco do Azougue, 2011), assim como no livro *Com Clarice*, publicado por esses dois escritores e amigos da autora (São Paulo: Unesp, 2013). Em anexo à minha tese (volume 11), eu tinha apresentado uma transcrição junto à tradução que fiz dessa entrevista, reproduzindo a língua falada por Clarice Lispector.
15 Carta de Armindo Trevisan a C.L., 21/11/1968. Fonte: Arquivo-Literatura da FCRB.
16 Cf. p. 55, versão inicial de *Água viva*. Fonte: Arquivo-Literatura da FCRB.
17 Trata-se da primeira versão do romance publicada pela editora Plon, em Paris, em 1954. Uma segunda versão, fiel ao original, saiu pela Editora Des Femmes em 1982. A propósito das traduções francesas de C.L., ver meu artigo *L'Arrêt de vie* publicado na revista *Trois*, v. 5, n. 3, Laval, 1990. A carta de C.L. ao editor acabou sendo publicada em *Correspondências* e em *Todas as cartas*, op. cit., nota 4 em "O espírito das línguas".

O DOM DAS LÍNGUAS

1. Nem Tania Kaufmann, nem Elisa Lispector, as duas irmãs de C.L., souberam me dizer em que consistia exatamente a doença que a mãe sofria. Talvez fosse algo infeccioso. Quanto a C.L., morreu de um câncer generalizado.
2. "The Passion According to C.L.", entrevista de C.L. por Elizabeth Lowe, *Review 24*, Nova York, jun. 1979.
3. "A morte de Clarice Lispector", por Cristina Miguez, *Folha de S.Paulo*, 10/12/1977.
4. "Clarice, pela última vez", entrevista de C.L. por Nevinha Pinheiro, *Jornal do Brasil*, Rio de Janeiro, 15/12/1977.
5. Texto publicado também em *A descoberta do mundo* (1984) e em *Felicidade clandestina* (1971) sob o título "Restos do Carnaval".
6. "Sepultamento de Clarice será simples e discreto", *O Globo*, 11/12/1977.
7. Carta de Andréa Azulay (cinco anos) a C.L., 09/07/1974. Fonte: Olga Borelli. Publicada em *Correspondências*, op. cit., nota 4 em "O espírito das línguas".
8. *O mistério do coelho pensante*. O livro recebeu o Prêmio Calunga, da Companhia Nacional da Criança, em 1967.
9. Cf. p. 1, documento do MIS, nota 14 em "O espírito das línguas".
10. "Clarice morreu. Sem saber que morria", *O Estado de S. Paulo*, 10/12/1977.
11. "Clarice", entrevista de C.L. para *O Pasquim*, por Sergio Augusto com Jaguar, Ivan Lessa, Nélida Piñon, Olga Savary e Ziraldo, Rio de Janeiro, 09/06/1974. Publicada em *Encontros: Clarice Lispector*, op. cit., nota 14 em "O espírito das línguas".
12. Cf. p. 9, documento do MIS, nota 14 em "O espírito das línguas".
13. *Tabegücher 1909-1912*, In der Fassung der Handschrift, Frankfurt/M. Fischer, 1996, p. 81. Traduzido por Paulo Astor Soëthe.
14. Cf. nota 2.
15. Fragmento inédito encontrado nas últimas notas de C.L., reunidas, em sua maioria, no livro póstumo *Um sopro de vida*. Fonte: Arquivo-Literatura da FCRB.
16. Diário Crítico de Sérgio Milliet. 2ª ed. Livraria Martins Editora S.A.; Editora da Universidade de São Paulo, 1944, p. 27., v. 11.
17. Carta de C.L. a Andréa Azulay, 23/12/1975. Fonte: Olga Borelli.
18. "O papo", entrevista de C.L. por Sérgio Fonta ao *Jornal de Letras*, Rio de Janeiro, abr. 1972.
19. Entrevista de C.L. à TV Cultura de São Paulo, para Panorama Especial, animado por Julio Lerner, 01/02/1977. Foi publicada em *Clarice Lispector, essa desconhecida* por Julio Lerner (São Paulo: Via Lettera, 2007) e em *Encontros: Clarice Lispector*, op. cit., nota 14 em "O espírito das línguas".
20. Cf. p. 6, documento do MIS, nota 14 em "O espírito das línguas".
21. Encontrada em um curto texto intitulado "Quase" a menção seguinte: "Cada

um queria ter o privilégio de ter me apresentado Proust. Proust morto. E li que quando morto ficou com a cara de judeu-rabino. Sua mãe querida era judia" (VE, 52).
22 Cf. p. 155, op. cit., nota 16 em "O espírito das línguas".
23 "Clarice Lispector", entrevista de C.L. por Edilberto Coutinho ao jornal *O Globo*, Rio de Janeiro, abr. 1976.
24 Deus se encontra até em Lispector, disperso em *it*, pois Deus "conserva o anonimato perfeito: não há língua que pronuncie o seu nome verdadeiro" (OEN, 80). Simptar contém sim e ar: sim ar, afirmação do sopro divino que é *it* (*it* está em Simptar). IT: o I unitário, princípio do infinito, e o T terrestre, duro como granito, lembra-nos a narradora de *Água viva*. A unidade I e sua fixação sobre a terra: Deus morto em Jesus sobre a cruz T. Cf. a propósito do simbolismo das letras: *Hiéroglyphes français et langue des oiseaux*. França: Point-d´Eau, 1982.
25 C.L. ficou surpreendida e contente de saber, pouco antes de sua morte, que a mãe dela escrevia em um diário, o qual foi perdido e a escritora nunca chegou a ler.
26 *Préparatifs de noce à la campagne*. Paris: Gallimard, col. Folio, 1980 (1957), p. 479.
27 C.L. traduziu diversos romances de Agatha Christie; uma peça da americana Lillian Hellman; *Hedda Gabler*, de Ibsen; e uma peça de Tchékhov de que ela não dá o título em sua crônica sobre tradução ("Traduzir procurando não trair", *Revista Joia*, n. 177, maio de 1968). Com a tradução da peça de Ibsen, ela e sua amiga Tati Moraes ganharam o prêmio de tradução do ano.
28 Idem.
29 Citado por Olga de Sá em *A escritura de Clarice Lispector*. Petrópolis: Vozes/ FATEA, 1979.
30 Cf. nota 10 em "O espírito das línguas".
31 A crônica foi repetida no *Jornal do Brasil* e publicada em *Onde estivestes de noite*.
32 Cf. documento do MIS, nota 14 em "O espírito das línguas".
33 Cf. nota 27.
34 *Poesia completa*. Rio de Janeiro: Topbooks, 1995.
35 Todo o fragmento é escrito a lápis, assim como a maioria das notas encontradas nas cadernetas íntimas de C.L., que sua secretária, Olga Borelli, me permitiu copiar. C.L. utiliza uma caneta com tinta vermelha para pôr entre colchetes a última frase do fragmento citado e ao qual acrescenta um ponto de interrogação.
36 Testemunho de A. Dines. Fonte: Olga Borelli.
37 Expressões francesas utilizadas em sua caderneta íntima; em DM, 412; e no *Jornal do Brasil* (22/10/1977).
38 (AV, 55, 69); (SV, 48); (VE, 88); (DM, 189, 548).
39 "Uma tarde com Clarice Lispector", por Antônio Hohlfeldt, *Correio do Povo*,

Porto Alegre, 03/01/1971. Publicado em *Encontros: Clarice Lispector*, op. cit., nota 14 em "O espírito das línguas".
40 "Ela era uma discordância total", *Folha de S.Paulo*, 22/01/198.
41 Cf. p. 10, documento do MIS, nota 14 em "O espírito das línguas".
42 Entrevista de C.L. por Esdras do Nascimento, para a *Revista dos Editôres*. Boletim Bibliográfico Brasileiro, v. IX, n. 7, ago. 1961, p. 210.
43 Cf. nota 19.
44 Cf. "Aventura", texto publicado primeiro em *A legião estrangeira* (04/10/1969) e depois no *Jornal do Brasil* (20/05/1972).
45 "Henry Miller", *Jornal do Brasil*, 11/04/1970.
46 Carta a C.L. enquanto ela vivia em Nápoles, datada de 23/11/1945. Fonte: Arquivo-Literatura da FCRB. Publicada em *Correspondências*, op. cit., nota 4 em "O espírito das línguas".
47 Cf. documento do MIS, nota 14 em "O espírito das línguas".
48 Caderneta inédita de C.L., sem data. Fonte: Olga Borelli.
49 Cf. p. 462, tese de C.V., nota 14 em "O espírito das línguas".
50 "Clarice pela última vez", *Jornal do Brasil*, 15/12/1977.
51 Testemunho inédito recolhido por Olga Borelli.
52 Duas versões de *Água viva* podem ser consultadas no Arquivo-Literatura da FCRB do Rio.
53 Cf. nota 27.
54 Carta a C.L., Rio de Janeiro, 26/09/1956. Fonte: Arquivo-Literatura da FCRB. Publicada em *Cartas perto do coração* (livro de cartas entre Fernando Sabino e Clarice Lispector), Rio de Janeiro – São Paulo: Record, 2001.
55 Cf. p. 171, Pennsylvania: Penguin Books, 1976 (1916). "Ele estava sozinho. Ele estava abandonado, feliz e perto do coração selvagem da vida."
56 Carta a C.L., São Paulo, 05/03/1972. Fonte: Arquivo-Literatura da FCRB.
57 "Autocrítica de Clarice Lispector no momento exato", entrevista de C.L. por Telmo Martino, *Jornal da Tarde*, 22/07/1972.
58 Carta a C.L., Paris, 29/12/1973.
59 Fonte: Arquivo-Literatura da FCRB. Cf. p. 149 (volume 11), a cópia do manuscrito em minha tese *Clarice Lispector et l'Esprit des langues*, Universidade de Montreal, 1986.
60 Cf. nota 27.
61 Carta de Fernando Sabino do Rio de Janeiro, 30/03/1955. Fonte: Arquivo-Literatura da FCRB. Op. cit., nota 54.
62 Carta de Rubem Braga do Rio de Janeiro, 04/03/1957. Fonte: Arquivo-Literatura da FCRB. Publicada em *Correspondências*, op. cit., nota 4 em "O espírito das línguas".

63 Cf. op. cit., nota 61.
64 Cf. documento do MIS, nota 14 em "O espírito das línguas".

A CONSTRUÇÃO DO TEMPLO

1 Citado no posfácio de uma edição não datada de *A maçã no escuro*, publicada pelo Círculo do Livro, em São Paulo.
2 Saiu também, em 1973, *A imitação da rosa*, seleção de contos, escolhidos por C.L., tirados de livros anteriores. Depois de sua morte, é publicado *A bela e a fera* (1979), incluindo seus textos de estreia e dois contos redigidos no ano de seu falecimento. Acrescentam-se a essas publicações *Quase de verdade* (1978) e *Como nasceram as estrelas* (1987), contos para crianças, e as crônicas de *Para não esquecer* (1978), já publicadas na segunda parte da primeira edição de *A legião estrangeira* e em *A descoberta do mundo* (1984).
3 "Humberto Franceschi", crônica de C.L. para o *Jornal do Brasil*, 27/06/1970.
4 Cf. p. 110, op. cit., nota 16 em "O espírito das línguas".
5 "Clarice, segundo Olga Borelli", *Minas Gerais*, Suplemento Literário, "Lembrando Clarice", 19/12/1987.
6 Fonte: Arquivo-Literatura da FCRB. Ver reprodução parcial de uma das certidões de nascimento de C.L. no meu livro *Rencontres brésiliennes*, op. cit., nota 11 em "O espírito das línguas". Outras são reproduzidas em *Clarice: Fotobiografia*, de Nádia Battella Gotlib, São Paulo: Edusp, 2008.
7 "A experiência incompleta: Clarisse (sic) Lispector" (fev. 1944), em *Os mortos de sobrecasaca*. Rio de Janeiro: Civilização Brasileira, 1963.
8 Citado em *Escritores brasileiros contemporâneos 11*, por Renard Perez. Rio de Janeiro: Civilização Brasileira. p. 74.
9 "Sete anos sem Clarice", por Affonso Romano de Sant'Anna, *Jornal do Brasil*, 09/12/1984. Crônica republicada em *Com Clarice*, op. cit., nota 14 em "O espírito das línguas".
10 Fala de Pierre de Lescure, na época editor literário da *Plon*. Depois de ler as provas da tradução francesa, C.L. envia-lhe uma carta em que pede para não publicar essa tradução "escandalosamente má"; apesar de seus protestos, é publicada em 1954, em Paris, quando ela vivia em Washington. Cf. a cópia da carta no Arquivo-Literatura da FCRB ou em "L'Arrêt de vie", citado na nota 17 de "O espírito das línguas".
11 Cf. nota 11 em "O dom das línguas".

12 Cf. p. 105, op. cit., nota 16 em "O espírito das línguas".
13 Joana, o marido Otávio e sua amante Lídia; Joana, seu amante e seu marido; Joana, seu amante e a mulher que o hospeda; Joana, o professor e sua esposa.
14 Cf. p. 3, documento do MIS, nota 14 em "O espírito das línguas".
15 Encontram-se também no romance duas velhas primas, dois amigos (Adriano e Vicente) e o casal formado por Virgínia e seu amante (Vicente).
16 Carta não datada. Fonte: Arquivo-Literatura da FCRB.
17 Cf. p. 4, documento do MIS, nota 14 em "O espírito das línguas".
18 Contrariamente ao que se produz em *Perto do coração selvagem*, em que o recurso ao monólogo interior foi considerado pela crítica um meio muito eficaz – e original nas letras brasileiras – para viajar no labirinto da psique humana.
19 Cf. documento do MIS, nota 14 em "O espírito das línguas".
20 Idem.
21 Um dos triângulos de personagens é constituído pelos três homens com quem Lucrécia mantém relações afetivas (Felipe, Perseu e Mateus, seu futuro marido); o outro é formado por Lucrécia, seu marido e Dr. Lucas.
22 "Mistério em São Cristóvão", "Os laços de família" e "O jantar".
23 "Amor", "Começos de uma fortuna" e "Uma galinha".
24 Surge outra pequena estrela de seis pontas: os seis contos escritos antes de seu primeiro romance e publicados somente após sua morte em *A bela e a fera* (1979), título escolhido pelo filho de C.L., que acrescentou os dois últimos textos da autora, escritos em 1977. Os seis contos formam pares de triângulos diferentes segundo o ponto de vista considerado: conforme o ano da escrita, com dois triângulos constituídos dos três contos de 1940 e dos três contos de 1941; ou segundo os assuntos abordados, em que pelo menos três dos contos prefiguram tematicamente *Perto do coração selvagem* de forma mais evidente ("História interrompida", "Gertrudes pede um conselho" e "Obsessão"). Pode-se imaginar um triângulo de fogo formado por três outros contos: a febre do homem doente ("O delírio"), a escapada ardente da mulher casada ("A fuga") e a agitação inflamada do homem bêbado ("Mais dois bêbados").
25 Carta de Álvaro Manuel Machado, citado na nota 58 em "O dom das línguas".
26 Carta da editora Claassen Verlag (Hamburgo) a C.L., 31/07/1962. Fonte: Arquivo-Literatura da FCRB. Ver também as críticas do jornal *Le Monde* (19/09/1970) e da revista *Magazine Littéraire* (jun. 1970).
27 Ali viveu durante seis meses em 1944, enquanto tomava notas para *O lustre*. Cf. documento do MIS, nota 14 em "O espírito das línguas".
28 Idem.
29 "O vertiginoso relance", de Gilda de Mello e Souza, em *Comentário*. Rio de Janeiro, 1963, p. 91.

30 "Devaneio e embriaguez de uma rapariga", "A imitação da rosa", "Feliz aniversário", "A menor mulher do mundo", "Preciosidade", "O búfalo". Os seis primeiros contos já tinham sido publicados pelo Ministério da Educação e Saúde (*Alguns contos*, "Os cadernos de cultura", serviço de documentação, MES, Rio de Janeiro, 1952).
31 Uma primeira versão desse conto, escrita na Suíça, aparece em uma revista sob o título "O crime"; C.L. o reescreverá em Washington.
32 Cf. p. 7, documento do MIS, nota 14 em "O espírito das línguas".
33 A criança precoce de "Evolução de uma miopia" tira seus óculos a fim de ver mais claramente o mundo, como se "a miopia mesmo é que o fizesse enxergar" (LE, 90).
34 *Autobiografia de Alice B. Toklas*. Porto Alegre: L&PM, 1980.
35 C.L. a respeito dos comentários do narrador de *A maçã no escuro*, citada por Fernando Sabino. Cf. nota 54 em "O dom das línguas".
36 Entrevista com C.L. em *Brasileiras*, op. cit., nota 9 em "O espírito das línguas".
37 Cf. p. 6, documento do MIS, nota 14 em "O espírito das línguas".
38 Testemunho de Rosa Cass. Fonte: Olga Borelli.
39 Cf. nota 37.
40 Carta de 28/07/1964. Fonte: Arquivo-Literatura da FCRB.
41 Cf. nota 17.
42 A partir da segunda edição, esses textos serão publicados sob o título *Para não esquecer* e separados dos contos.
43 Caderneta datada de 1944, já citada em "O dom das línguas". Fonte: Olga Borelli.
44 Cf. p. 155, op. cit., nota 16 em "O espírito das línguas".
45 "Clarice Lispector: não escrevo para agradar a ninguém", entrevista de C.L. por Isa Cambará, *Folha de S.Paulo*, 10/09/1975.
46 "África", "A catedral de Berna, domingo de noite", "A nossa natureza, meu bem", "Aldeia italiana", "Conversa com filho", "Domingo, antes de dormir", "A geleia viva", "Come, meu filho" etc.
47 Já certos contos de *A legião estrangeira* poderiam ser classificados como crônicas: "Uma amizade sincera", "Os obedientes" e certas crônicas da segunda parte do volume, como contos: "Come, meu filho", "A vingança e a reconciliação penosa" e "Desenhando um menino", que serão incorporados, sob títulos diferentes, em *Felicidade clandestina*, seu terceiro livro de contos.
48 Cf. nota 2 em "O dom das línguas". A poeta Cecília Meireles, nos anos 1930, no *Diário de Notícias*, e a romancista Rachel de Queiroz, nos anos 1940, no *Cruzeiro*, foram também pioneiras do jornalismo feminino.
49 "Correspondência", *Jornal do Brasil*, 29/06/1968.

50 Cf. nota 44.
51 *Elenco de cronistas modernos*. Rio de Janeiro: José Olympio, 1978 (1971). Crônicas de Carlos Drummond de Andrade, Manuel Bandeira, Paulo Mendes Campos, Rubem Braga, Rachel de Queiroz, Fernando Sabino e Clarice Lispector (quatro dos dez textos de C.L. tinham saído na seção de contos de *A legião estrangeira*, o que confirma o fato de que, entre eles, alguns assemelham-se a crônicas).
52 *O mistério do coelho pensante* (1967), *A mulher que matou os peixes* (1969), *A vida íntima de Laura* (1974) e *Quase de verdade* (póstumo, 1978). Em 1987, *Como nasceram as estrelas* é lançado no Brasil. Trata-se de "doze lendas brasileiras" contadas por C.L. às crianças, texto publicado antes no *Último hora*, no dia 5 de dezembro de 1976 sob o título de "Lendas brasileiras segundo Clarice".
53 Cf. nota 19 em "O dom das línguas".
54 Idem.
55 Apresentação de C.L. para o evento acontecido em Bogotá em 1975. Fonte: Arquivo-Literatura da FCRB. Publicada em *Outros escritos*, op. cit. nota 7 em "O espírito das línguas".
56 Cf. documento do MIS, nota 14 em "O espírito das línguas".
57 Testemunho de Paulo Francis em "Clarice: impressões de uma mulher que lutou sozinha", *Folha de S.Paulo*, 15/12/1977.
58 *A maçã no escuro*, *A paixão segundo G.H.*, "A quinta história", "Amor", "Uma galinha", "A legião estrangeira", *A mulher que matou os peixes*, "O crime do professor de matemática", "Viagem a Petrópolis", *O lustre* e *A hora da estrela*.
59 Esse conto, sobre a relação de Sofia com seu professor, abre *A legião estrangeira*.
60 Cf. p. 81, op. cit., nota 16 em "O espírito das línguas".
61 Excerto da versão integral de sua comunicação sobre a "Literatura de vanguarda no Brasil". O fragmento citado não se encontra no texto publicado em 1965 pela Universidade do Texas (Cf. nota 10 em "O espírito das línguas"). Foi provavelmente acrescido por C.L. na época em que proferiu sua conferência no Brasil.
62 Cf. nota 19 em "O dom das línguas".
63 O livro reúne entrevistas realizadas por C.L., nos anos 1960, para a revista *Manchete*. Interroga intelectuais como Jorge Amado, Vinicius de Moraes, Nélida Piñon, Chico Buarque, Tom Jobim, Oscar Niemeyer e Pablo Neruda, a única personalidade não brasileira entrevistada.
64 Excerto de uma crônica sobre a artista brasileira para o *Jornal do Brasil*, 02/10/1971, não publicada em *A descoberta do mundo*.
65 Cf. nota 11 em "O dom das línguas".
66 Op. cit., nota 16 em "O espírito das línguas".

67 Cf. p. 522, op. cit., tese de C.V., nota 14 em "O espírito das línguas".
68 Com o título "Objeto", o texto sai sob a forma de série de três crônicas (19-26/08/1972 e 02/09/1972), não publicadas em *A descoberta do mundo*.
69 Cf. nota 17.
70 "Ruído de passos", "Mas vai chover", "A língua do 'P'" e "O corpo".
71 Fonte: Olga Borelli.
72 Cf. documento do MIS, nota 14 em "O espírito das línguas".
73 Caderneta já citada em "O dom das línguas". Ver igualmente APL, p. 15.
74 A última personagem feminina de C.L., Ângela, será acompanhada do órgão e da flauta.
75 Segundo um crítico da época, Guimarães Rosa – sempre citado a seu lado como renovador da ficção brasileira moderna – e ela mesma seriam dois embustes, o que, de acordo com a autora, "vale dizer charlatões" (DM, 281). Será que o crítico se refere implicitamente ao aspecto insólito de escritas que, por sua estranheza sintática ou estilística, chocam a ponto de se duvidar da expressão espontânea de uma visão original do mundo?
76 Entrevista com C.L., em *Brasileiras*, nota 9 em "O espírito das línguas".
77 Seu diário é precedido de um preâmbulo do narrador de umas vinte páginas. Entre eles há um texto curto intitulado "Como tornar tudo um sonho acordado?".
78 "Um dia a menos", conto póstumo escrito em 1977 e publicado em *A bela e a fera*.
79 Fonte: Arquivo-Literatura da FCRB. Cf. p. 86 (volume 11), a cópia do manuscrito na minha tese *Clarice Lispector et l'Esprit des langues*, Universidade de Montreal, 1986.
80 "A bela e a fera ou a ferida grande demais", conto póstumo de 1977, publicado em *A bela e a fera*.

À GUISA DE RETIRO

1 "À guisa de retiro", texto de C.L. não datado. Fonte: Arquivo-Literatura da FCRB.
2 Cf. nota 23 em "O dom das línguas".
3 Cf. p. 100, nota 16 em "O espírito das línguas".

AGRADECIMENTOS

Desde a primeira edição de *Línguas de fogo*, se foram muitas pessoas a quem, na época, eu agradecia, muitas delas do Brasil: Olga Borelli, Rubem Braga, padres Paul-Eugène Charbonneau e Lionel Corbeil do Colégio Santa Cruz, Teófilo de Andrade, Plínio Doyle, Tania Kaufmann, Elisa Lispector, José Geraldo Nogueira Moutinho, Otto Lara Resende, Nícia Ribas, Mafalda Veríssimo. De Quebec: Monique Bosco, Jacqueline e Roger Varin.

Flávio Aguiar, Nádia Battella Gotlib, Karol e Tony Bernstein, Hélène Cixous, Alda de Andrade, João Henrique Pacheco de Castro Silva, Álvaro Manuel Machado, Paulo Gurgel Valente.

Lúcia Peixoto Cherem, amiga querida e tradutora deste ensaio.

A todos os escritores estudiosos e amigos ou não de Clarice Lispector, que me ajudaram ou me acolheram e que cito aqui, nesta nova edição, mesmo receando esquecer alguém entre os vivos e os mortos: Lígia de Abreu, Apparecida de Almeida, Alceu de Amoroso Lima (Tristão de Ataíde), Austregésilo de Ataíde, Carlos Drummond de Andrade, João Antônio, Fauzi Arap, Cyro dos Anjos, Inês Besouchet, Alfredo Bosi, Antônio Callado, Haroldo de Campos, Antônio Candido, José Candido de Carvalho, Rosa Cass, Maria Luísa Castello Branco, Marina Colasanti, Ruth Conzelmann, Roberto Correia de Santos, Autran Dourado, Lygia Fagundes Telles, Adonias Filho, Rubem Fonseca, Eudynir Fraga, Antônio Houaiss, Lêdo Ivo, Bella Josef, Josué Montello, Tati Moraes, José Paulo Moreira da Fonseca, Gilda Murray, Benedito Nunes, Hélio Peregrino, José Américo Pessanha, Nélida Piñon, Eduardo Portella, Léo Gilson Ribeiro, Olga de Sá, Sílvio Rolim, Affonso Romano de Sant'Anna, Fernando Sabino, Pedro Paulo Sena Madureira, Cléia Silvestre, João Cabral de Melo Neto, Antônio Carlos Villaça. A Teresa Monteiro que me sugeriu precisar esses nomes todos.

Agência Literária Carmen Balcells.

Conseil des Arts du Canada.

Museu da Imagem e do Som, Museu de Literatura da Fundação Casa de Rui Barbosa do Rio de Janeiro, TV Cultura de São Paulo.

E a Simone Paulino e toda a equipe da Editora Nós.

© Editora Nós, 2023

Direção editorial **Simone Paulino**
Editor **Schneider Carpeggiani**
Assistente editorial **Gabriel Paulino**
Preparação **Carolina Donadio**
Revisão **Alex Sens, Daniel Febba**
Projeto gráfico **Bloco Gráfico**
Assistente de design **Stephanie Y. Shu**
Produção gráfica **Marina Ambrasas**
Coordenação comercial **Orlando Rafael Prado**
Assistente comercial **Ligia Carla de Oliveira**
Assistente de marketing **Mariana Amâncio de Sousa**

Imagem de capa **Erico Veríssimo**
Retrato de Clarice Lispector, Virginia, EUA, 1955
Acervo Literário de Erico Veríssimo/Instituto Moreira Salles

Texto atualizado segundo o novo
Acordo Ortográfico da Língua Portuguesa

Dados Internacionais de Catalogação na Publicação (CIP)
de acordo com ISBD

V312l
    Varin, Claire
    Línguas de fogo / Claire Varin
    Tradução: Lúcia Peixoto Cherem
    São Paulo: Editora Nós, 2023
    192 pp.

Título original: *Langues de feu*
ISBN: 978-65-85832-12-0

1. Literatura. 2. Ensaios. 3. Judaismo.
I. Cherem, Lúcia Peixoto. II. Título.

2023-3496   CDD 808.84   CDU 82-4

Elaborado por Vagner Rodolfo da Silva, CRB-8/9410

Índice para catálogo sistemático:
1. Literatura: Ensaio 808.84
2. Literatura: Ensaio 82-4

Todos os direitos desta edição reservados à Editora Nós
Rua Purpurina, 198, cj 21
Vila Madalena, São Paulo, SP | CEP 05435-030
www.editoranos.com.br

Fontes **Lyon, Editorial New**
Papel **Pólen Bold 70 g/m²**
Impressão **Margraf**